国家出版基金项目
NATIONAL PUBLICATION FOUNDATION

毛泽东、周恩来与抗美援朝

周恩来与抗美援朝

石仲泉 著

广西人民出版社

朝鲜战争是第二次世界大战后进行的第一场大规模国际性局部战争，其时间之长、参战国之多，为二战以来罕见。毛泽东运筹帷幄于中南海，是领导和指挥这场战争的最高统帅，周恩来作为中央军委副主席主持军委日常工作。就其参与领导这场战争所耗的精力，以及经历这场战争全过程的各个阶段和各方面工作而言，周恩来都是协助毛泽东运筹帷幄的主要助手。从决策入朝作战到指导停战和谈，从指挥外交斗争到协调后勤保障，从1950年7月主持筹建作为中国人民志愿军前身的东北边防军到1958年春开始安排志愿军全部撤出朝鲜，周恩来实际上发挥着指挥抗美援朝战争的"副帅"[①]作用。

---

① "副帅"，此处是借用毛泽东的话。1959年4月在上海召开党的八届七中全会上，毛泽东说：权力集中在常委和书记处，我是主席，为正帅，邓小平是总书记，为副帅。在20世纪50年代前期，周恩来主持中央军委和政府日常事务，就总理抗美援朝战争来说，实际上起了"副帅"作用。

目录

第一篇　主持筹建东北边防军 / 1

第二篇　参与决策出兵抗美援朝 / 13

第三篇　参与决策军事斗争的"武仗" / 27

第四篇　抗美援朝战争的后勤"总司令" / 45

第五篇　参与运筹停战谈判的"文仗" / 75

第六篇　直接领导抗美援朝对外关系事务 / 125

第一篇

主持筹建东北边防军

1950年6月25日,朝鲜战争爆发。这本来是朝鲜半岛北方和南方两个对峙的政权为形成一个统一的国家而发生的内战。半岛的统一应当由半岛全体人民作主解决,任何外国都无权干涉半岛内部事务。

当然,这两个政权的形成与第二次世界大战后的政治格局,特别是苏美两个大国对朝鲜半岛的不同政策有密切关系。美国政府一直有称霸半岛的野心。朝鲜内战爆发两天后,美国总统哈里·杜鲁门就发表声明,公然践踏联合国宪章,干涉朝鲜内政,宣布武装援助他一手扶植的南朝鲜政权;同时,派出美国第七舰队驶入台湾海峡,以武力阻止我中国人民解放军解放台湾。6月28日,周恩来代表中国政府发表声明,谴责美国政府对于中国领土的武装侵略政策:"不管美国帝国主义者采取任何阻挠行动,台湾属于中国的事实永远不能改变。""我国全体人民必将万众一心，为从美国侵略者手中解放台湾而奋斗到底。"① 此后，中国政府一直在表明这一严正立场。

关于朝鲜战争，由于美国的武装介入，战争的性质就由内战转变为美国侵略和朝鲜人民反侵略的战争。美国政府既然一开始就将武装入侵朝鲜和对台政策的改变联系在一起，那么中国人民反对美国武装入侵朝鲜和维护中国主权的尊严也就成为一个问题的两个方面。在朝鲜内战爆发的次日，《人民日报》即发表社论表明了中国政府的立场：正义完全属于朝鲜民主主义人民共和国方面。在美国政府操纵联合国安理会通过有关朝鲜问题决议后，周恩来代表中国政府发表声明：联合国安理会"所通过的关于要求联合国会员国协助南朝鲜当局的决议，是支持美国武装侵略、干涉朝鲜内政和破坏世界和平的，并且这一决议是在没有中华人民共和国和苏联两个常任理事国参加下通过的，显然是非法的"，它"不仅毫无法律效力，并且大大破坏了联合国宪章"。② 在美国当局一手导演下，支持这个非法决议派兵侵朝的多国军队被冠以所谓"联合国军"名义，美国远东军总司令道格拉斯·麦克阿瑟被任命为其总司令。朝鲜战争由此国际化和扩大化了。

中朝两国山水相连，唇齿相依，文化相通，友谊相伴。

---

① 参见《人民日报》1950年6月29日。
② 参见《人民日报》1950年7月7日。

美国侵略朝鲜,对中国的安全构成极严重的直接威胁。中共中央高度关注朝鲜战局的发展,并且做了美国侵略者有可能直接进攻中国大陆的最坏准备来采取应对措施。因为美国政府一直不甘心失去中国大陆,总是在处心积虑地要圆其独霸亚洲、重返中国大陆的黄粱美梦。鉴于美军第七舰队封锁台湾海峡,我人民解放军解放台湾陡增很大困难,中共中央在全面分析国内外形势后,权衡利弊,作出一个重大决策:"支援朝鲜人民,推迟解放台湾。"①

周恩来作为主持中央军委日常工作的副主席,更是密切关注朝鲜战况,运筹加强国防问题。6月30日,他约见即将接受任命的驻朝使馆政务参赞、临时代办柴军武(柴成文)说:朝鲜打起来了,杜鲁门政府不仅宣布派兵入侵朝鲜,侵略台湾,而且对进一步侵略亚洲作了全面部署。他们把朝鲜问题同台湾问题和远东问题联系在一起,所以我们需要派人同金日成同志保持联系。倪志亮大使还在武汉养病,现在你带几个军事干部以使馆名义先去。在柴军武一行出发时,周恩来又嘱咐:现在美国的地面部队已经在朝鲜参战,美国帝国主义者必纠集更多的国家出兵,所以朝鲜战争长期化很难避免,这就会带来影响全局的一系列复杂问题;现在朝鲜人民处在斗争的第一线,要向朝鲜

---

① 参见军事科学院军事历史研究所:《抗美援朝战争史》上卷,军事科学出版社2014年版,第245页;《周恩来军事文选》第四卷,人民出版社1997年版,第43页。

同志表示支持，看有什么事需要我们做，请他们提出来，我们一定尽力去做；保持两党两军之间的联系并及时了解战场的变化，是当前使馆的主要任务。在 6 月 30 日这一天，他还约海军司令员兼政治委员萧劲光谈话，介绍中共中央在朝鲜内战爆发后对时局的估计和对策，指出：我们看待当前国际形势，只有坚持"惧无根据，喜不麻木"的态度，才是正确的。目前，我们在外交上要谴责美帝国主义侵略台湾，干涉中国内政；在军事上，加强海军、空军建设，推迟解放台湾的时间。①

7 月 7 日，在杜鲁门任命麦克阿瑟为"联合国军"总司令同一天，周恩来主持召开第一次保卫国防问题会议，着重研究如何采取果断措施迅速加强东北边防。朝鲜战争爆发后，中国东北由战略后方变成了国防前线，中共中央和中央军委不得不采取紧急措施，调整军事部署，增强东北地区国防力量，预防突发事件。周恩来首先传达中共中央、毛泽东主席关于成立东北边防军的决定。会上，初步商议了边防军所辖部队与部署、指挥机构设立与领导人选配置、政治动员与后勤保障、车运计划与兵员补充等问题。7 月 10 日，周恩来主持召开第二次会议，商定了组织东北边防军的各项问题。根据两次会议精神，7 月 13 日正式形

---

① 《周恩来年谱（1949—1976）》上卷，中央文献出版社 1997 年版，第 51 页、第 52 页。

成中央军委《关于保卫东北边防的决定》，确定：（一）抽调第13兵团（第38军、39军、40军），第42军，炮兵第1师、2师、8师和一定数量的高射炮兵、工兵、战车部队组成东北边防军，这些部队最迟限于8月5日前抵达指定地点，完成集结；（二）以粟裕为东北边防军司令员兼政治委员，萧劲光为副司令员，萧华为副政治委员，李聚奎为后勤司令员；（三）以15兵团领导机关为基础组成13兵团领导机关，以邓华为司令员，赖传珠为政治委员，解沛然（解方）为参谋长，杜平为政治部主任。尽管后来东北边防军指挥机构没有成立起来，而由中央军委直接指挥，但组建东北边防军这个决策极富远见。如果不是此时未雨绸缪，调集重兵，做好应战准备，在3个月后入朝作战就会相当困难。

　　朝鲜战争爆发后，即使在朝鲜人民军顺利南进时，毛泽东和周恩来也一直认为局势的发展存在两种可能性：一种是人民军能够一鼓作气，解放南朝鲜，战争很快结束；一种是可能发生曲折，战争持久化。周恩来说："我们在第一种设想情况下组织边防军，是备而不用；在第二种设想情况下，是加重了我们的责任，并且应该很快地积极准备。"①

---

　　① 参见中共中央文献研究室、中国人民解放军军事科学院编《周恩来军事文选》第4卷，人民出版社1997年版，第45页。

随着朝鲜战局的发展，党和国家领导人对后一种可能的认识愈益深化。1950年8月4日，中共中央召开政治局扩大会议研究朝鲜问题。毛泽东说：如美帝得胜，就会得意，就会威胁我国。对朝不能不帮，必须帮，用志愿军名义。周恩来也说："如果美帝将北朝鲜压下去，则对和平不利，其气焰就会高涨起来。要争取胜利，一定要加上中国的因素，中国的因素加上去后，可能引起国际上的变化。我们不能不有此远大的设想。"① 这次会议是中共中央对于决策中国人民志愿军抗美援朝的三次具有决定性意义会议的第一次重要会议。

8月中旬以后，朝鲜战局急剧变化。作战双方在半岛东南隅的洛东江一线形成僵持，朝鲜人民军作战已显后劲无力，美军调动频繁。8月23日夜，中央军委作战局副局长雷英夫向周恩来报告了中央军委作战局关于朝鲜战局的研究结果：敌军可能在仁川、元山、南浦等地登陆，以在仁川登陆的可能性最大。如果登陆成功，就会切断朝鲜人民军的补给线，形成南北夹击和包围人民军主力态势。周恩来认为，这是朝鲜战局关键性的问题，随即带雷英夫前往毛泽东处汇报。毛泽东指出：作战局的分析和判断有道理、很重要。为此，已经注意到这个问题的毛泽东、周恩

---

① 参见薄一波：《若干重大决策与事件的回顾》上卷，中共中央党校出版社1991年版，第43页。

来决定：（一）检查督促东北边防军各项战略工作情况，严令其务必在9月底以前完成一切作战准备工作，保证随时可以出动；（二）将敌军可能在仁川等地登陆的情况告诉朝鲜和苏联政府，并告朝鲜对此应有应付最坏情况的准备；（三）总参谋部和外交部要密切注视朝鲜战局的变化。[①]

根据毛泽东指示，8月26日，周恩来召开检查和讨论东北边防军准备工作会议。他指出：朝鲜现在确实成为世界斗争的焦点，至少是东方斗争的焦点。现在我们对于朝鲜，不仅看作是兄弟国家的问题，看作与我国东北相连接而有利害关系的问题，还应看作是重要的国际斗争问题。这就要求我们采取积极态度，将东北边防军组织起来。根据两月来朝鲜的作战情况，不能不考虑战争的长期化，要准备在长期化上逐渐消灭敌人。我们这次作战是对付美帝国主义者，而不是单单对付李承晚伪军，这更需要我们加紧和加强准备工作。一切都要充分准备好，一出手就胜。美帝国主义目前要发动世界大战是不可能的，这是因为它的战线过长，运输线太远，战斗力太弱。它克服这些弱点，要有一个很长的时间。在我们方面，就要将它发起的战争，一个一个地打下去，使它不能发展为大规模的战争。这样，它就更难发动世界大战。即使发动起来，我们也有把握将

[①] 参见《周恩来年谱（1949—1976）》上卷，中央文献出版社1997年版，第67页。

它击败。在这种情况下，我们的军事建设应有一个较长远的计划。今天必须先定出一个至少三年的作为准备阶段的建军计划。只有这样，我们才能立于不败之地，发展胜利和巩固胜利。①随后，周恩来多次召集中央军委有关部门开会，商谈加强东北边防军问题，并起草《关于加强边防军的计划》，决定将东北边防军兵力逐渐增加到11个军36个师，分为第一、第二、第三共三线部队，加上特种兵部队、后勤部队共约70万兵力。

1950年9月15日，美军果然如中央军委作战局所分析的那样在朝鲜西海岸仁川登陆，朝鲜战局急剧逆转。9月20日，周恩来致电我驻朝大使转告金日成：现在的中心任务是"在坚持自力更生、长期奋斗的总方针下，如何保存主力、便于各个歼灭敌人的问题"。"敌人如果占领汉城（今韩国首都首尔）则人民军后路有被切断的危险。""在持久战的原则下，必须充分估计到困难方面。""敌人要求速决，害怕持久，而朝鲜人民军则速决既不可能，惟有以持久战争取胜利。"②9月30日，南朝鲜军先遣部队越过三八线。10月1日，周恩来在庆祝国庆一周年大会上讲话指出："中国人民热爱和平，但是为了保卫和平，从不也永不

---

① 参见《周恩来年谱（1949—1976）》上卷，中央文献出版社1997年版，第69—70页。

② 参见《周恩来年谱（1949—1976）》上卷，中央文献出版社1997年版，第80页。

害怕反抗侵略战争。中国人民决不能容忍外国的侵略，也不能听任帝国主义者对自己的邻人肆行侵略而置之不理。"①

10月1日，南朝鲜军主力部队越过三八线，平壤危在旦夕。朝鲜劳动党中央和政府先后请求苏联和中国给予直接军事援助。当日，斯大林致电苏联驻华大使转毛泽东或周恩来，建议中国派出部队援助朝鲜。这天深夜，金日成紧急约见我驻朝大使，向中国政府提出援兵入朝的正式请求。2日晚，金日成再次会见我驻朝大使，请他立即转告毛泽东和周恩来，在目前这种情况下，非向中国求救不可。3日，朝鲜劳动党中央派代表携带金日成签名信来京，当面呈交毛泽东主席，恳切请求中国出兵援助朝鲜。

朝鲜民主主义人民共和国面临生死存亡紧要关头。唇亡齿寒，中共中央必须作出关系中国未来命运的重大决策。

---

① 《人民日报》1950年10月1日。

第二篇

参与决策出兵抗美援朝

朝鲜劳动党中央和政府的紧急求援电和派专人来京呈送金日成签名信，还有斯大林建议援朝电，这些都如千斤重担压在毛泽东和周恩来肩上。要作出是否出兵援朝的决策牵涉方方面面，既有对国民经济、社会民生安定，以及国家安全和主权的诸多考虑，又不能不受国际环境和朝鲜战争形势，还有苏、美等各种外部因素的制约。因此，从1950年10月2日起，中共中央接连召开书记处扩大会议和政治局扩大会议，讨论朝鲜战局和中国是否出兵援朝问题。

1950年10月2日下午，毛泽东主持中央书记处扩大会议讨论朝鲜战局和中国是否出兵援朝问题。与会者各抒己见，有赞成出兵援朝的，也有不赞成出兵或表示暂不出兵的。周恩来是赞成出兵援朝的，他发言说："现在不是我们要不要打的问题，而是美国逼着我们非打不可。我们的自卫是正义的，正义的战争最后一定会胜利。特别是现在朝鲜政府、金日成首相一再请求我们出兵援助，我们怎能见死不救呢？"① 毛泽东的态度是明确的，他在 8 月 4 日中央政治局扩大会议上就表示了"对朝不能不帮，必须帮"的意见。这次会前，他也拟好了给斯大林的回电，准备派兵援助朝鲜，但由于会上多数同志不赞成出兵，他并没有强求其他同志赞同他的意见，而是充分尊重多数意见，决定 10 月 4 日召开扩大的中央政治局会议再作讨论。这是党的民主集中制作风的一次充分展现。

周恩来从主持筹建东北边防军以来，与毛泽东的意见是一致的，也相信出兵援朝的意见会在党的领导集体内形成共识。根据毛泽东的指示，10 月 3 日凌晨 1 时，他紧急约见印度驻华大使，就朝鲜战争问题再次郑重地表明中国政府立场，"美国军队正企图越过三八线，扩大战争。美国军队果真如此做的话，我们不能坐视不顾，我们要管"。同日，会见来京的朝鲜劳动党代表，就朝鲜作战的各项问题交换了意见。

在 10 月 4 日的中央政治局会议上，不同意见的发言仍很踊跃。4 日下午的会没开完，5 日接着开了一整天。在 10 月 2 日下午会前，由于粟裕生病（时任东北边防军司令员但没有到任），在青岛休养，毛泽东有拟派林彪率军入朝的考虑。但没想到林彪在 2 日下午会上不赞成出兵，中央

---

① 参见中共中央文献研究室编《周恩来传》（下），中央文献出版社 1998 年版，第 1018 页。

书记处遂拟派彭德怀挂帅出征。2日下午会后，毛泽东要周恩来速派专机去西安接彭德怀（时任中央军委副主席、中共西北局第一书记、西北军政委员会主席、西北军区司令员等职）来京，参加准备于4日召开的政治局扩大会议。周恩来交代接彭德怀的人员说：飞机一到西安，就马上接彭老总来，一刻也不能耽误，还要严格保密。彭德怀到中南海后，由周恩来领他进入中央政治局开会的大厅。① 5日下午，彭德怀发言坚决支持毛泽东出兵援朝的意见。毛泽东、周恩来、彭德怀等的坚决态度和高瞻远瞩的陈词，说服了与会不同意见者，党中央作出"抗美援朝，保家卫国"的战略决策，并决定由彭德怀率志愿军入朝作战，还决定派周恩来、林彪去苏联同斯大林会谈。

那些天是周恩来最忙的时候。根据中共中央的出兵援朝决策，10月6日他主持召开党政军高级干部会议，指出："我们不想打，但是敌人逼我们，快到鸭绿江边了，不能见死不救，这是援朝，也是卫己，唇亡齿寒嘛！""党中央、毛主席决心已定，因此现在不是考虑出不出兵的问题，而是考虑出兵后如何去争取胜利的问题。"② 这次会议商讨

---

① 参见当代中国人物传记丛书《彭德怀传》，当代中国出版社1997年版，第400—401页。
② 参见沈志华：《毛泽东、斯大林与朝鲜战争》，广东人民出版社2013年版，第304页；《周恩来年谱（1949—1976）》上卷，中央文献出版社1997年版，第84页。

了志愿军入朝方案和更换武器装备、后勤供应及组建指挥所等问题。10月1日，美国军队越过三八线，这也是中共中央决定出兵的底线。①

10月8日，毛泽东以军委主席身份发布命令，将东北边防军改为中国人民志愿军，任命彭德怀为志愿军司令员兼政治委员，要求志愿军"立即准备完毕，待令出动"②。当天，周恩来代表中共中央前往苏联，同斯大林等苏共中央和政府领导人会谈抗美援朝和苏联给予中国军事援助及向志愿军提供空军掩护等问题。

关于请求苏联给予中国军事援助问题，这是在组建东北边防军时苏联方面就已答应了的。7月2日，周恩来召见苏联驻华大使罗申，请他将中共中央对朝鲜半岛政治、军事形势的估计和对美军行动的判断转告苏共中央。周恩来表示，如果美军突破三八线，中国可以派遣部队支援朝鲜人民军作战，抵抗美军。为此，中国将在东北地区集结3个军的兵力。苏共中央同意中共中央的分析和所作出的应变部署。7月5日，斯大林电示罗申，要他转告周恩来："我们认为，敌人越过三八线时，集中9个中国师于中朝边

---

① 1956年9月23日毛泽东同苏共中央代表团谈话说："美帝国主义如果干涉，不过三八线，我们不管，如果过三八线，我们一定过去打。"参见中共中央文献研究室编《毛泽东传》（1949—1976），上卷，人民出版社2003年版，第110页。

② 参见中共中央文献研究室编《建国以来重要文献选编》（第一册），人民出版社1992年版，第418页。

境以便志愿军入朝作战是正确的。我们将尽力为这些部队提供空中掩护。"此后,斯大林又电示罗申,要求他向周恩来或毛泽东转告苏共中央的决定:如果中国已经决定在中朝边境上部署9个师,"我们准备给您派去一个喷气式歼击机航空师——124架飞机,用于掩护这些部队"。[①] 8月10日,周恩来主持中央军委会议,讨论为适应空中运输任务的需要,向苏联购买适合于高空飞行的运输机问题。会后,将研究意见报告毛泽东。24日,毛泽东批:周(恩来)等备,务于明年1月或2月或3月能有30架高空机。[②] 9月初和中旬,周恩来两次约见苏联军事副总顾问等商量为加强东北边防军而需要苏联提供武器装备问题,并向苏联政府提出订货计划;中国准备组建一个建制为三个团的喷气式歼击机航空师,加快空军建设,希望苏方提供援助。就毛泽东个人而言,他在10月1日收到斯大林建议电时表示中国派兵入朝的一个重要考量,也是基于苏联为中国军队提供武器装备,特别是空军支援。东北边防军将领更有这样的强烈愿望。

周恩来赴苏执行这个使命并不轻松。他本人深知这个

[①] 1950年7月5日斯大林致罗申电,系军事科学院军事图书馆藏文件。参见军事科学院军事历史研究所:《抗美援朝战争史》上卷,军事科学出版社2014年版,第105—106页。

[②] 参见《周恩来年谱(1949—1976)》上卷,中央文献出版社1997年版,第63页。

问题得到妥善解决的复杂性和艰巨性。尽管中共中央已经决定出兵，但他还是带着两种意见——出兵或者不出兵，去同斯大林商讨。如果中国出兵，那就要求苏联给予武器装备和提供空中掩护，因为这是斯大林在3个月前提出来的，也是他首先建议中国出兵援助朝鲜的。10月11日，周恩来到达黑海之滨的克里米亚同斯大林会谈，介绍中共中央政治局会议讨论朝鲜局势和是否出兵援朝问题，说明中国的实际困难，提出只要苏联同意出动空军给予空中掩护，中国就可以出兵援朝，同时要求苏联援助中国参加抗美援朝所需的军事装备，并向中国提供各种类型的武器与弹药，首先是陆军轻武器的制造蓝图，以供中国仿造。斯大林表示，可以完全满足中国抗美援朝所需的飞机、大炮、坦克等军事装备，但苏联空军尚未准备好，须待两个月或两个半月才能出动空军支援中国人民志愿军的作战。斯大林又说：虽可提供苏联空军支援，但不能进入敌后，以免飞机被击落而造成国际影响。会谈的基调，是从困难和不利方面考虑较多。会谈后，斯大林、周恩来联名致电毛泽东，说明会谈情况。①

---

① 斯大林和周恩来致毛泽东的联名电报于2005年发表在俄国一家刊物上。"驻北京的苏联使馆立即转告毛泽东同志：贵国代表已于今日到达，我们联共（布）的领导同志与贵国代表一起讨论了贵国已知的那些问题。我们交换意见后，弄清了以下情况：1. 计划派出的中国援军没有做好准备，装备差，缺少大炮，没有坦克，执行掩护任务的航空兵至少两个月后才能到位，用于装备和培训上述军队的时间至少需要六个月。2. 如在一个月内不用相当（转下页注）

周恩来后来谈到这次会谈情况时说：美军逼近了鸭绿江，"我们就下决心，去与斯讨论。两种意见：或者出兵，或者不出兵，这是斯说的。我们问，能否帮空军？他动摇了，说中国既困难，不出兵也可，说北朝鲜丢掉，我们还是社会主义，中国还在。谈了一天，晚上就要决定，马上电问毛主席"。②

10月13日，毛泽东收到斯大林、周恩来联名电后召开中央政治局扩大会议再次讨论是否出兵问题。在这次会上，大家意见完全一致，没有不同声音了。与会者认为即

（接上页注）数量的、装备精良的部队提供直接援助，那么由于三八线以北的朝鲜军队无力支撑，朝鲜将被美国人侵占。3. 因此，为朝鲜人提供的像样的援军只能在半年后，即朝鲜被美国人占领，朝鲜已不再需要援军的时候才能到位。基于上述原因并考虑到周恩来同志报告的，因中国参战而给国内带来的不利因素，我们一致决定：1. 尽管国际形势有利，但中国军队因目前尚未做好准备，就不要越过朝鲜边境，以免陷于不利局面。2. 如果部队已经越过边境，也不应深入靠近中国边境一带的山区。3. 一部分朝鲜军队应在平壤和元山以北的山区组织防御，另一部分军队要转入敌后打游击。4. 把战时应征入伍的朝鲜人中的优秀分子及指挥员分批悄悄调入东北，在那里把他们整编成朝鲜师团。5. 要尽快对平壤和北朝鲜山区以南的其他重要据点进行疏散。至于中国同志所需的用于重新装备中国军队的坦克、大炮和飞机，苏联将充分予以满足。等待您的决定。签名：菲利波夫 周恩来"（菲利波夫，即斯大林）。参见沈志华：《毛泽东、斯大林与朝鲜战争》，广东人民出版社2013年版，第306页。

② 周恩来在中共中央工作会议上的报告记录，1960年7月31日。参见中共中央文献研究室编《周恩来传》（下），中央文献出版社1998年版，第1019页。

使苏联不出动空军支援,在美军越过三八线大举北进的情况下,我军还是出兵到朝鲜为有利。"对中国,对朝鲜,对东方,对世界都极为有利",反之,"不参战损害极大","我们不出兵,让敌人压至鸭绿江边,国内国际反动气焰增高,则对各方都不利,首先是对东北更不利,整个东北边防军将被吸住,南满电力将被控制"。当晚10时,毛泽东将会议决定电告周恩来,并要他留在莫斯科几天,同苏联领导人商议:(一)苏联援助中国军事装备,"是用租借办法还是用钱买,只要能用租借办法",使我国财政预算能"用于经济文化等项建设及一般军政费用,则我军可以放心进入朝鲜进行长期战争,并能保持国内大多数人的团结"。(二)"只要苏联能于两个月或两个半月内出动志愿空军帮助我们在朝鲜作战外,又能出动掩护空军到京、津、沈、沪、宁、青等,则我们也不怕整个的空袭。"周恩来收到毛泽东复电后连夜约见苏联部长会议副主席莫洛托夫,要求立即将毛泽东电报告斯大林。[①]

10月14日,周恩来据毛泽东13日电和莫洛托夫转告的斯大林意见,再次致电斯大林,提出八个问题请求答复。其中有:"苏联政府除派出志愿空军参加在朝鲜的作战外,可否加派掩护空军驻扎于中国近海各大城市?""苏联政府

---

① 参见《周恩来年谱(1949—1976)》上卷,中央文献出版社1997年版,第85—86页。

的援助，除飞机、坦克、炮类及海军器材外，中国政府请求在汽车、重要工兵器材及其他兵工器材方面，也给予信用订货的条件。"并随电附上中国政府第一批关于各种炮类及其附属器材的订货单。同日，周恩来又收到毛泽东凌晨3时来电，介绍了朝鲜前线的最新情况和中国人民志愿军出动后的初步考虑。毛泽东电告：志愿军出动后，拟在平壤至元山以北地区组织防御，"使美伪军有所顾虑，而停止继续前进"。"如此，则我军可以不打仗而争取时间装备训练，并等候苏联空军到来，然后再打"。21时半，毛泽东又致电通报志愿军出动时间和整个部署。周恩来迅速将这两个电报内容转告斯大林。斯大林让莫洛托夫转告周恩来：苏联将只派空军到中国境内驻防，两个月或两个半月后也不准备进入朝鲜境内作战。[①] 斯大林的顾虑较多，援助态度不甚积极。

周恩来10月18日返抵北京后即出席毛泽东主持的中央政治局扩大会议，介绍了同斯大林、莫洛托夫等会谈情况。从东北边防回来的彭德怀也汇报了志愿军准备入朝情况。鉴于斯大林虽不同意出动苏联空军入朝掩护志愿军作战，但毕竟答应给中国提供军事援助，同时志愿军也作好了入朝作战的准备。毛泽东讲话很坚定：现在敌人已围攻

[①] 参见《周恩来年谱（1949—1976）》上卷，中央文献出版社1997年版，第86—87页。

平壤，再过几天敌人就进到鸭绿江了。我们不论有天大的困难，志愿军渡江援朝不能再变，时间也不能再推迟，仍按原计划渡江。会议决定：志愿军按预定计划于19日跨过鸭绿江入朝作战。①

此后几天，周恩来又忙于贯彻落实中央政治局会议精神。"联合国军"在19日占领平壤。次日，周恩来电告我驻朝临时代办柴军武：今后大使馆工作重点仍应随朝政府行动，与朝政府保持联络。接连两天，周恩来邀请郭沫若、马叙伦、章伯钧、王昆仑座谈抗美援朝问题，听取意见，回答问题。通过他们向更多的民主人士进行宣传。10月24日，他在政协全国委员会常委会会议上作《抗美援朝，保卫和平》报告，指出：由于美帝国主义的侵略和干涉，使朝鲜问题成为一个国际问题。朝鲜民主主义人民共和国正处在困难时期，迫切需要国际的援助。因为第一，只有朝鲜胜利了，和平阵营才不会被打开一个缺口；第二，中朝是唇齿之邦，唇亡则齿寒。②从朝鲜在东方的地位和前途的发展来说，我们不能不援助；从唇齿相依的关系来说，我们也不能不援助。这是敌人把火烧到了我们的大门口，并非我们惹火烧身。我们如坐视不救，敌人必然继续前进，

---

① 参见《毛泽东年谱（1949—1976）》第一卷，中央文献出版社2013年版，第215—216页。

② 参见《周恩来年谱（1949—1976）》上卷，中央文献出版社1997年版，第88页。

咄咄逼人，直到鸭绿江边，然后再做第二步文章。所以，我们要理，我们要管。"只有管，才能使敌我力量的对比发生变化"，"让它知难而退，然后可以解决问题"。他还指出：敌人孤注一掷的可能性是存在的，我们不愿意战争扩大，"它要扩大，也没有办法。我们这一代如果遇着第三次世界大战，为了我们的子孙，只好承担下来，让子孙永享和平"。目前，我们的空军海军不足，但是不能等力量强大了再抵抗，那时敌我力量对比差距更大，我们要"到斗争中去增强自己，在狂风暴雨中锻炼自己。革命的力量有时看起来是劣势，在斗争过程中却会变为优势"。[1]

1950年10月19日晚，周恩来负责主持筹建的东北边防军在改编为中国人民志愿军后（10月8日中国人民革命军事委员会主席毛泽东发布关于组成中国人民志愿军的命令，将东北边防军改为中国人民志愿军），第一批就出动4个军和3个炮兵师，共约25万人，从安东（今辽宁省丹东市）、长甸河口、辑安（今吉林省集安市）三个地区跨过鸭绿江，开赴朝鲜前线。中国人民志愿军与以美国为首的"联合国军"作战，将揭开中国人民军队历史上新的篇章。

---

[1] 参见《周恩来军事文选》第四卷，人民出版社1997年版，第72—76页。

第三篇

参与决策军事斗争的「武仕」

周恩来与毛泽东，在相当长时间里就是决策军事作战的一对"老搭档"。远的不论，自解放战争1947年转战陕北以来，周恩来就一直协助毛泽东运筹帷幄，决策和指挥军事作战。毛泽东说过：在陕北，我和周恩来、任弼时在两个窑洞里指挥了全国的解放战争。周恩来解释说，毛主席是在世界上最小的司令部指挥最大的人民解放战争。从那时起，包括决策和指挥三大战略决战，周恩来都是毛泽东的主要助手。如果说，决策和指挥解放战争是在山村的小窑洞里，那么决策和指挥抗美援朝战争则是在中南海里。彭德怀在朝鲜前线领导的中国人民志愿军司令部相当于过去的"前指"（前线指挥部），抗美援朝战争最高统帅部就在中南海。同过去一样，周恩来也是协助毛泽东运筹帷幄，决策和指挥军事作战的主要助手。说得更精准一点，毛泽东作为抗美援朝战争最高统帅有两大助手：在朝鲜前线是彭德怀，在大本营统帅部就是周恩来。

周恩来协助毛泽东运筹帷幄，决策和指挥军事作战打"武仗"，最重要的至少有这样几项工作：

（一）注重调查研究，摸清情况，为决策提供可靠依据。

周恩来虽然戎马倥偬，但心思细密。注重调查研究，是他一辈子养成的好作风，抗美援朝做决策也如此。朝鲜战争爆发后仅5天，他就约见原定派往民主德国使馆工作的柴军武，改派柴军武为驻朝使馆政务参赞、临时代办，请其即去赴任，与朝鲜劳动党和政府保持密切联系，及时了解战场的变化。1950年7月中旬，中共中央刚成立东北边防军，在做入朝作战的各种准备。周恩来即委托柴军武转告金日成，请朝鲜政府"提供比例尺分别为1比10万、1比20万、1比50万的朝鲜地图各500张"。[①] 这在那时就算"高清"地图了。正是凭借这些"高清"地图，大本营统帅部和前线司令部能够对战场态势和双方兵力部署以及地理地貌和交通运输状况了如指掌，及时沟通，作出科学决断。9月上旬，周恩来又两次听取奉命回国的柴军武汇报朝鲜战场态势和朝鲜后方有关情况，要他们以武官名义前往朝鲜勘察地形和深入了解战况。10月4日，在中央政治局开会讨论抗美援朝决策期间，周恩来致电我驻朝大使：根据目前情况，我武官观察组应分为两个小组，一个调查

---

① 参见沈志华：《毛泽东、斯大林与朝鲜战争》，广东人民出版社2013年版，第263页。

平壤附近及平壤安东线，平壤辑安线的各种情况；一个调查平壤元山线及其以北山区的各种情况，平壤元山线至三八线之间的情况如有可能亦应略作调查。① 这些都在为志愿军入朝作战如何进行军事部署做重要准备。

周恩来进行调查研究还有一个重要渠道，就是与中央军委作战局（即总参谋部作战室）保持密切联系，每天都到那里与参谋人员交谈前方战况，察看标有敌我态势的地图，还不时对一些问题进行座谈，探讨问题，研究情况。1950年7月初，当朝鲜人民军挺进洛东江三角洲时，有人预测战争在8月可结束。周恩来问在座同志：你们对朝鲜战争有何看法，8月能结束吗？他听完意见后说："是呀，不经过反复多次较量，不消灭美军的力量到不能支撑的时候，朝鲜战争是不可能轻易结束的。这个战争将是一个持久复杂的斗争，至于持久到什么时候，是一年、两年、三年，甚至更长，要看各方面情况的发展变化才能确定。反正一两个月、一两个战役是不行的。我们宁可把情况估计得复杂一点。"② 8月23日夜，他听取雷英夫关于美军在仁川登陆的可能性最大的报告，即中央军委作战局参谋人员对朝鲜战局研究的结果。这个判断很重要，也很及时，周恩来当即带着雷英夫去向毛泽东汇

---

① 参见《周恩来年谱（1949—1976）》上卷，中央文献出版社1997年版，第84页。
② 雷英夫：《抗美援朝战争几个重大决策的回忆》，《党的文献》，1993年第6期。

报。毛主席非常重视这一判断，决定立即将这一情况转告朝鲜和苏联政府，请朝鲜对此应有应付最坏情况的准备。后来，美军果然在仁川登陆，朝鲜战局迅速逆转。这是一个很深刻的历史教训。毛泽东、周恩来、彭德怀都牢记着这个教训。所以，在进行第三次战役和第五次战役时，我军从三八线向前推进时，美军主力主动后撤，引我南进，有诱我深入并重施仁川登陆故伎的企图，然后实施侧翼截击和正面反击，断我军北回归路而歼灭之。彭德怀识破敌军诡计，果断地下令部队停止追击。特别是第三次战役，朝鲜方面和苏联顾问对志愿军打到三八线后不再南进乘胜追敌很不理解。斯大林知道中朝方面有不同看法后，明确表示赞同彭德怀的意见，还批评苏联驻朝大使不懂军事，不准再干扰彭德怀。

周恩来不仅向身边工作人员做调查研究，还向前方工作人员和从前线归来的指战员做调查研究。志愿军司令部工作人员说：周恩来对朝鲜战场上敌我双方情况，特别是志愿军方面包括团一级单位的状况，了如指掌。对哪个部队正在哪些村庄、哪个山头，都很清楚。志愿军司令部每天的报告要中央指示，在第一线处理的就是周恩来，大事小事都问他。重大的问题，他再请示中央。在进入1951年后，情况更是如此。[①] 志愿军入朝不久发动了第一次战役。

[①] 参见中共中央文献研究室编：《周恩来传》（下），中央文献出版社1998年版，第1026页。

短短 10 多天，取得了歼敌 15000 人的胜利，将以美军为首的"联合国军"从鸭绿江边赶回到接近朝鲜中部的清川江以南，初步稳住了朝鲜战局。通过对第一次战役的调查研究，周恩来就了解到美国军队作战有"四大短处、一大长处"："一、（在向前推进时）不做工事。军队打仗不筑工事，这是离奇的事。为什么不筑工事呢？因为他们打仗不是前进就是后退，没有防守的必要。二、怕打夜战，朝鲜很冷，钻到'北极睡袋'里的确很舒服，可是它遇到的敌手，却是专门打夜战的。三、怕拼刺刀、打近战。步兵不能拼刺刀，叫什么军队呢？四、怕切断后路。一切断后路，便举手投降了，坦克也如此。但美国有一个长处，那就是汽车多，遇到困难，武器一丢，开着汽车就跑，只要能保命，所以被俘的少。"① 当然，这些情况也是随着战争的进行而在改变，调查研究也要与时俱进。

此外，周恩来还向他所熟悉的人员做调查研究、了解情况。"知己知彼，百战不殆。"中国军队与美国军队没有打过仗，对美军的战斗力不甚了解。周恩来就找他在黄埔军校时的学生、在 1943 年至 1945 年间曾任中国驻印度远征军新一军军长的郑洞国来谈话，询问抗战后期美国军队在缅甸同日本集团军作战时的战斗力状况，使他对美军的

---

① 参见中共中央文献研究室编：《周恩来传》（下），中央文献出版社 1998 年版，第 1027 页。

认识从历史到现实状况更为全面了。这样，决策志愿军对美军的作战心中更为有数。

（二）与毛泽东一起决策持久作战的战略方针、成立中朝联合司令部，为抗美援朝战争的胜利确立了正确的指导思想和作战指挥机构。

前已指出，在朝鲜战争爆发不久，朝鲜人民军挺进洛东江三角洲时，周恩来就认为，这个战争将是一个持久复杂的斗争，至于持久到什么时候，是一年、两年、三年，甚至更长，要看各方面情况的发展变化才能确定。反正一两个月、一两个战役是不行的。我们宁可把情况估计得复杂一点。在美军从仁川港登陆致战争逆转时，他在1950年9月20日致电金日成指出：我们认为你的长期作战思想是正确的，朝鲜人民军必须力争保住三八线以北，"进行持久战方有可能"。现在的中心任务是"在坚持自力更生、长期奋斗的总方针下，如何保存主力、便于各个歼灭敌人的问题"。"在持久战的原则下，必须充分估计到困难方面。一切人力物力财力的动员和使用，必须处处作长期打算，防止下级发生孤注一掷的情绪。敌人要求速决，害怕持久，而朝鲜人民军则速决既不可能，惟有以持久战争取胜利。"[①]11月中旬，他在欢送政务院赴东北工作人员的大会讲话中

---

① 参见《周恩来年谱（1949—1976）》上卷，中央文献出版社1997年版，第80页。

指出：抗美援朝战争是一个长期的战争，不能很快就结束，思想上准备它长一点比较好。两年前我们估计解放战争还要打三年，结果一年内便获得大胜利，这不是很好吗？事情多从坏的一面估计，精神上要准备长期打。美帝国主义会铤而走险的，"要准备它全面性的打，而不是局部的打"。"思想上准备敌人长打、大打，在战争中把敌人消灭。"①

志愿军入朝作战之后，有一个如何统一指挥的问题。斯大林在 1950 年 10 月 1 日建议中国出兵援助朝鲜的电文中曾说：中国部队可以志愿者身份出现，当然，由中国的指挥员统率。② 彭德怀在入朝后与金日成首次会见时，金日成也明确表示，志愿军入朝后的作战行动，请彭德怀同志指挥处置。但是，在中央军委发布关于组成中国人民志愿军的命令中曾强调，对朝鲜的党、政、军及朝鲜人民的领袖金日成同志表示友爱和尊重。据此，周恩来在 11 月 8 日致我驻朝使馆的电文中称：对中国人民志愿部队"在朝鲜人民军总司令部统一指挥下参加作战事，可以公开发表"。③这样，在一个时期关于中朝两军的统一指挥问题就成为需要协调解决的一个重要问题。为了能够协调好两军关系，

---

① 参见《周恩来军事文选》第四卷，人民出版社 1997 年版，第 94 页、第 95 页。
② 参见沈志华：《毛泽东、斯大林与朝鲜战争》，广东人民出版社 2013 年版，第 276 页。
③ 参见《周恩来军事文选》第四卷，人民出版社 1997 年版，第 89 页。

在 10 月 25 日中共中央关于志愿军领导机构设置和主要干部配备的指示电中，明确了朝鲜劳动党中央常委政治委员、政府内务相为中国人民志愿军副司令员兼党委副书记，以增进沟通两军的联系。

就实际操作层面而言，如何更好沟通两军关系，健全统一指挥系统，还是有不少具体问题有待解决。在进行第一次战役期间，由于没有统一协调，再加上语言不通，不仅多次发生朝鲜人民军误击中国人民志愿军事件，甚至致使被围之敌得以逃脱；而且在物资供给、交通运输等方面出现相当混乱的局面。有鉴于此，彭德怀提出成立由金日成、苏联驻朝大使和他本人一起组成的三人小组，负责决定与作战有关的协调指挥和军事政策等问题。但是，成立三人小组关系重大。此事既涉及朝方的主权和尊严，也涉及一个营垒的三国关系，不能擅自决定。中共中央非常谨慎，先是在 1950 年 11 月上旬由周恩来致电我驻朝使馆，并转告金日成，请他利用目前作战间隙，去前线与彭德怀会商作战等问题。待金日成同意后，由毛泽东出面致电斯大林，转告了彭德怀关于成立三人小组的意见。周恩来起草的该电说：这个三人小组，负责决定军事政策，包括建军、作战、正面战场和敌后战场以及与作战有关的许多现行政策，求得彼此意见一致，以利战争进行。如斯大林认为可行，即请由其向本国大使和金日成同志提出。"现在的重要问题是朝、苏、中三国在那里的领导同志们能很好地团结，对各项军事政治政策能取得一致的意见，朝鲜人民军和中国人民志愿军在作战上能有较好的配合……胜利是有把握的。"① 3天后，斯大林于11月16日回电毛泽东，同意由中国同志统一指挥，并将此意见同时电告金日成和苏联驻朝大使，苏联驻中国军事总顾问也赞同斯大林的意见。②

由于有了斯大林的明确态度，1950年12月初，金日成应邀访问北京，与毛泽东等领导人商谈成立前述中朝联合司令部事宜。周恩来代表中共中央起草了中朝两方关于成立中国人民志愿军和朝鲜人民军联合司令部的协议。③ 这个协议在征得金日成同意后，中朝联合司令部于1950年12月上旬正式成立。这个联合司令部的权限远远高于原来设

---

① 参见军事科学院军事历史研究所：《抗美援朝战争史》上卷，军事科学出版社2014年版，第604页。
② 参见《建国以来周恩来文稿》第三册，中央文献出版社2008年版，第515页。
③ 该协议内容如下：一、为更有效地打击共同敌人，中朝两方同意立即成立联合指挥部，统一指挥朝鲜境内一切作战及其有关事宜。二、中朝两方相互同意推任彭德怀为联合指挥部司令员兼政治委员，金雄为联合指挥部副司令员，朴一禹为联合指挥部副政治委员。三、朝鲜人民军及一切游击部队和中国人民志愿军受联合指挥部统一指挥。联合指挥部发给他们的一切命令统经朝鲜人民军总司令部及中国人民志愿军司令部下达。四、联合指挥部有权指挥一切与作战有关之交通运输（公路、铁路、港口、机场、有线和无线的电话和电报等）、粮秣筹措、人力物力动员等事宜。联合指挥部凡关此类命令，视其管辖关系，分别经由朝鲜人民军总司令部和中国人民志愿军司令部下达。五、凡属朝鲜后方的动员支前、补充训练及地方行政的恢复等工作，联合指挥部得根据实际情况和战争需要向朝鲜政府提出报告和建议。六、凡关作战的新闻报道，统一由联合指挥部指定机关负责编审，然后交朝鲜新闻机关以朝鲜人民军总司令部名义统一发布之。

想的三人小组，而且斯大林对苏联驻朝军事顾问做了调整，指示驻朝大使不再过问任何军事问题。这样，棘手的统一指挥问题顺利解决了。

（三）参与决策轮番作战计划，主持起草《关于轮番作战方针的指示》，使志愿军战胜"联合国军"有了充足的兵员基础。

抗美援朝战争打持久战，在上面是统一指挥问题，在下面则是兵员补充问题。志愿军入朝后进行前三次战役，虽然取得歼敌 7 万多人的重大胜利，但我军的战斗减员和非战斗减员也很严重。我军与敌军的伤亡对比是 0.85∶1。仅在东线作战的第九兵团，由于气候寒冷、给养缺乏和战斗激烈，减员就达 4 万人之多。按照志愿军党委给中央军委的报告，希望立即休整两个月，准备明年春季攻势。但是美军第 8 集团军司令李奇微改变战术，利用我军没有后方供应保障的弱点，不断组织猛烈攻击，使我军难以长期连续作战。1951 年 1 月 28 日毛泽东复电彭德怀等："我军必须立即准备发起第四次战役，以歼灭两万至三万美李军。""我军没有补兵，弹药也不足，确有很大困难。但集中主力向原州、荣州打下去，歼灭几部分美军及四五个南朝鲜师的力量还是有的。"[①] 随后，周恩来为中央军委起草致彭德怀等电，对第四次战役

---

① 参见《毛泽东年谱（1949—1976）》，第一卷，中央文献出版社 2013 年版，第 293 页。

的防御作战方针做了具体部署。该电指出：敌人此次进攻虽以主力九个师旅放在西线作为主攻，但南汉江以东仍有八个师纵深配备进行助攻，而沿海又有两个师"为之策应，其特点为力求东西呼应，齐头并进，其弱点为东线伪军多力弱，山多呼应难。我如能在东线歼敌一两个师，打开缺口，则西线敌人冒进，可能被停止，但必须设想敌进占汉城后侦知我西线正面力薄仍有继续前进逼我东线后退可能"。因此，"请令邓华集团在寻机歼敌部署中切忌仓促应战。如敌冒进，宁可让其深入利我围歼。如敌不进，必须寻敌弱点利我分割歼击一部"。①

根据中央军委部署，在第四次战役第一阶段作战取得歼敌 2.2 万余人的胜利后，彭德怀做好第二阶段部署并将战役作战交由邓华全权指挥后，于 1951 年 2 月 21 日急匆匆回京向毛泽东当面报告志愿军的四大困难，请求中央及时解决。第一大困难就是伤亡很大，兵员得不到补充，战斗力减弱。②

---

① 参见《周恩来年谱（1949—1976）》上卷，中央文献出版社 1997 年版，第 125 页。
② 彭德怀汇报的志愿军的四大困难：一是伤亡很大，兵员得不到补充，战斗力减弱；二是敌机狂轰滥炸，道路、车辆毁坏严重，物资得不到保障；三是正值严冬季节，战士衣服单薄破烂，大量生病和冻伤；四是几十万指战员得不到充足的粮食供应，没有新鲜蔬菜，营养不良，许多人有夜盲症。"我们如果不能有效地保障后方的交通运输，是无法坚持长期作战的。"参见《彭德怀传》，当代中国出版社 1997 年版，第 453 页。

其实，毛泽东和中央军委对志愿军在前线作战的各种困难一直非常关心。鉴于志愿军作战部队大量减员，在下达实施第四次战役作战任务时，中央军委决定将过去从国内部队抽调老兵补充志愿军的办法，改为以军为单位成建制地由国内调往朝鲜前线，实行轮番作战。就在彭德怀到京前的2月5日，周恩来会见入朝参战的第19兵团司令员杨得志、政治委员李志民，向他们介绍彭德怀指挥第三次战役取得的巨大胜利后说：抗美援朝战争是一场军事斗争，也是一场很严重的政治斗争。你们19兵团，还有杨勇、杨成武同志指挥的两个兵团，都是有着光荣传统、战斗力很强的部队。我曾经说过，要把你们"三杨"拿出来，叫作"三杨开泰"![1] 2月上旬，中央军委多次召开会议，讨论志愿军在朝鲜轮番作战的计划。此前，周恩来主持起草了《关于轮番作战方针的指示》。该指示指出：敌人不被大部消灭，是不会退出朝鲜的。目前敌人的作战意图是：在站住阵地之后，经过休整，寻找机会，向前反攻，一方面可扩大其侵占地区，另一方面不容我军在前线作较长期的休整。同时对朝鲜沿海的袭扰，运输线的轰炸，也正为配合这一意图。"为粉碎敌人之意图，坚持长期作战，以达大量消灭敌人完全解决朝鲜问题之目的，决定在朝鲜采取轮番

---

[1] 参见《周恩来年谱（1949—1976）》上卷，中央文献出版社1997年版，第125页。

作战的方针。"①

2月9日,毛泽东批准了《中央军委关于轮番作战方针的指示》。中央军委召开会议进一步讨论毛泽东批准的这个指示,研究和落实志愿军在朝鲜轮番作战的计划。3月1日,周恩来为毛泽东起草致斯大林电,通报中共中央对朝鲜战争局势的估计和今后的战略部署:(一)从目前战场的状况可以看出,敌人不被大部消灭,是不会退出朝鲜的,而要消灭这些敌人则需要时间。因此,朝鲜战争有长期化的可能,至少我应做两年的准备。目前敌人的作战意图是

---

① 2月8日周恩来主持起草《关于轮番作战方针的指示》确定的轮番作战的具体计划为:将现在朝鲜作战的九个军三十个师作为第一番志愿军。将十九兵团三个军、二十兵团两个军,二野第一批北调的三个军,及现在湘西剿匪的四十七军,共九个军二十七个师作为第二番志愿军。待第二番志愿军于二、三月先后开抵朝鲜,第一番志愿军即可逐步抽出整补。十三兵团四个军则留在平壤及南北地区整补(以3至4月为整补期)作为第二番部队的临时预备队,并准备与二野3月第二次北开的三个军及董其武兵团的两个军共九个军二十七个师作为第三番志愿军。待需要时,再与第一番志愿军换班。如此轮番作战,我既有生力军,又能得到切实整补;既不致陷于被动,又能保持旺盛的机动性与持久性,又使更多的部队学会和美国侵略军作战。指示对轮番作战的指挥机构设置、部队调动次序、兵员补充、武器调补等问题都做出了明确规定,并强调军委责成各出动部队在出动前及出动后应进行充分的思想动员及政策教育。2月18日,周恩来又起草中央军委《关于对朝鲜轮番作战部署数点改变的指示》,确定"第二番部队改以九兵团(现暂编为九个师)、十九兵团及二野第一批北调的三个军,共九个军二十七个师组成;二野三个军(十二军、十五军、六十军),编为第三兵团,以陈赓为司令员兼政委、王近山为副司令员、张南生为副政委。第二番部队改以十三兵团四个军、二十兵团两个军、四十七军及二野第二批北调的三个军,共十个军三十个师组成。董其武兵团作为预备队。"参见《周恩来年谱(1949—1976)》上卷,中央文献出版社1997年版,第128—129页;第131页。

企图与我进行消耗战。在过去一月当中,敌人当站住阵地之后,便寻找机会向我作试探性的进攻。其目的在,一方面不容许我在前线作必要的休补,另一方面则利用其技术条件消耗我军。在近期内,因我新军未到,老军未补充,敌人有重新进入三八线南北地区的可能。(二)为粉碎敌人意图,坚持长期作战,达到逐步歼灭敌人之目的,我中国人民志愿军拟采取轮番作战的方针。现已决定编成三番部队轮流作战。(三)目前,在前线作战的只有六个军,减员甚大,未作补充。在我既无后备力量又无空军掩护,而且供应很困难的情况下,应避免进行战役性的出击,只在南汉江以北地区进行防御,迟阻敌人,在今后一个半月内,敌人可能寻机进攻,逼我应战。在此种情况下,我军拟让敌进至三八线南北地区,在我第二番志愿部队九个军到齐后,再进行有力的新战役。"总之,在美国坚持继续作战,美军继续获得大量补充并准备和我军作长期消耗战的形势下,我军必须准备长期作战,以几年时间消耗美国几十万人,使其知难而退,才能解决朝鲜问题。"①

当时,编入中国人民志愿军序列的第二番部队已开赴朝鲜前线。彭德怀在返回朝鲜途中已见第二番部队入朝源源不断地向南开进。第四次战役第二阶段作战的主要任务

---

① 参见《周恩来年谱(1949—1976)》上卷,中央文献出版社1997年版,第133—134页。

就是迟滞敌军进占三八线,为第二番部队到达前线作战争取时间。至 3 月底,中朝军队完成预定阻敌任务,主力全线撤至三八线以北附近地区。这时,"联合国军"总司令"换马",麦克阿瑟被解除其总司令及所兼一切职务,由李奇微接任。新任总司令李奇微了解到中朝军队主动后撤,由原来的节节阻击变为节节诱敌,准备实施大规模反击的战略意图,并发现我志愿军第二番部队已抵达前线阵地后,遂令各路进攻部队停止进击。中朝军队亦不再反攻。这样,长达两个多月的第四次战役第二阶段作战,在我歼敌 5.5 万余人后亦告结束。此后,第五次战役和停战谈判后的各次大战,都由入朝部队轮番进行。毛泽东说:"抗美援朝战争是个大学校,我们在那里实行大演习,这个演习比办军事学校好。"① 先后参与志愿军轮番作战、经受锻炼的部队,累计共达 290 万人。这不仅取得了对美国侵略军队实际作战的经验,使美军为首的"联合国军"陷入人民战争的汪洋大海之中,而且为新中国的国防建设培养了一大批适应现代战争需要的军事人才,对人民解放军由过去的单一兵种作战提升到现代多军兵种作战,朝国防现代化方向发展起了重要作用。

---

① 《建国以来毛泽东军事文稿》中卷,军事科学出版社、中央文献出版社 2010 年版,第 50 页。

第四篇 抗美援朝战争的后勤『总司令』

周恩来作为中央军委主持日常工作的副主席，同在解放战争后期一样，除与毛泽东一起决策和协助指挥三大战役和渡江战役外，还主抓后勤服务，为夺取战争胜利提供各方面物资保障。只是抗美援朝战争涉及各路部队集结东北出境作战，在朝作战的后勤供应又涉及朝方，还有与苏联商谈提供武器装备援助和空军支援等问题，因而头绪更加纷繁、工作更加复杂、事务更加琐碎。这就更需要周恩来这样行政组织能力非凡的领导人来总揽一切，理顺关系，忙而不乱，周延细致。聂荣臻回忆道："整个后勤工作，当时都是在周恩来同志的领导关怀下进行的。这方面的事情，我几乎每件都向他请示。他抓得很细。"周恩来"对志愿军的后勤保障费尽了心血，做出了宝贵贡献"[①]。据此，说他是抗美援朝战争的后勤"总司令"，不算溢美。

---

① 《聂荣臻回忆录》下卷，战士出版社1984年版，第149页、第150页。

（一）为各大军区部队集结东北和志愿军入朝作战初期的后勤保障做好工作。

新中国成立之初，原在东北的第四野战军所属部队大多南下，只留有一个军从事生产建设。朝鲜战争爆发后，东北成为国防前线，兵力显然薄弱。抽调全国兵力集结东北，后勤供应问题也就突出了。1950年7月上旬，周恩来接连主持召开两次保卫国防会议，在决定抽调陆军、炮兵、工兵和战车等部队组建东北边防军时，就研究了后勤保障、车运计划和兵员补充等问题，并任命李聚奎为东北边防军后勤司令员。

"兵马未动，粮草先行。"8月下旬，在中央初步决定以志愿军形式帮助朝鲜应有所准备后，周恩来召集中央和东北有关部门负责人开会，进一步磋商边防军的人员补充和供给问题。决定：粮食、草料、煤由东北供给；经费由总后勤部从边防军原来所属的第四野战军中拨出给东北军区；预算外的一切作战费统一由中央支出，东北代付。他会见准备前往沈阳任东北军区后勤部部长的李聚奎说：出国作战，关系重大。部队什么时候过江，什么时候打，现在说不准。为了保密起见，物资先不要过江，而要抓紧做好一切准备工作。[①]

[①] 参见《周恩来年谱（1949—1976）》上卷，中央文献出版社1997年版，第73页。

8月下旬到9月初,周恩来多次召集中央军委有关部门开会。中央决定,将东北边防军兵力逐渐增加到11个军36个师,连特种兵部队、后勤部队共约70万兵力。这时,他明确提出了"出国作战要自力更生,立足国内供应"的方针。[①]

1950年10月19日,中国人民志愿军第一批部队25万余人分三路入朝。10天后,周恩来即派总后勤部副部长前往东北实地调查了解志愿军出国后在后勤供应上存在的问题,并就所审改的解决方案,征求有关方面的意见。他在给东北军区负责人的信中说:解决方案"凡有不妥、不实或隔靴搔痒之处,请当面指出,以便改正"。"只要东北提出要求,我们愿全力以赴,帮助你们解决困难。"[②] 这位副部长回京后,周恩来即听取汇报,对了解的新问题提出了新的解决办法。为了准备做好收治志愿军伤病员的工作,周恩来致函总后勤部部长杨立三等,同意他们关于建立有10万床位的医院的部署,望督促这一计划的完成。同时应准备制订明年第一季度建立第二批有10万床位的医院的计划。为了保证及时将抗美援朝军用物资运到前线,他致函杨立三、滕代远(时任铁道部部长)等:(一)各部门所提运输计划必须具体,"并得负责机关批准后才接收任务"。

---

① 参见《周恩来年谱(1949—1976)》上卷,中央文献出版社1997年版,第70页。

② 参见《周恩来年谱(1949—1976)》上卷,中央文献出版社1997年版,第93页。

(二)所有军事运输计划必须经中央财经委员会批准。"两种计划超过实施可能时,应先军用后财经";如遇特殊情况而发生孰先孰后问题时,"得提交我来解决"。(三)"今年内整个运输计划,已责成杨立三于两日内拟好军运计划,至本月七日召集军事、财经两方面一道开会解决。"随后,他致信毛泽东等,报告说:目前关内外运输极端拥挤,北上的部队和后勤物资赶着出关,关系国计民生的生产和生活物资也需要运输方能控制物价,"故连日开会,规定运输计划,保证军事第一,贸易第二"。[①]

与此相联系,周恩来还着重抓了两项工作:

一是调整1951年度财政预算。1950年11月中旬,周恩来在政务院会议上指出:对于1951年的财政概算,我们原来是想把重点放在投资建设方面,但是敌人不允许我们这样做,这就使我们的财政概算不能不改动,不能不适应战争需要来安排。为了落实1951年的财政概算,使国民经济的恢复和发展不因抗美援朝战争的军费剧增而受到大的影响,他在1950年12月31日亲自起草《中共中央关于执行一九五一年度全国财政收支总概算的指示》。该指示指出:由于抗美援朝战争的进行,"国防经费不仅居第一位,而且大大超过我们的预计,经济和文化建设只能采取重点

[①] 参见《周恩来年谱(1949—1976)》上卷,中央文献出版社1997年版,第92页、第95页。

进行和有计划推迟两项方针","我们确定一九五一年概算的总方针是：既要顾到国防开支的急迫需要，又要保证财政状况和市场继续稳定。如此，方能使前方胜利与后方巩固得以结合起来，稳步前进"。本此要求，"支出概算，国防经费加预备费已超过总数百分之五十，而经济文化建设行政业务合共只占百分之四十二，已不可能再少"。为了保证总概算的实施，无论是经济建设、行政事业费用，还是军费开支，均须按预算行事，如遇特殊情况要超出者，须经中共中央或中央军委批准。① 1951年2月14日至16日，在中央政治局扩大会议上，毛泽东提出了"三年准备、十年建设"方针，并成立了由周恩来牵头的国民经济第一个五年计划编制工作领导小组。17日，周恩来在主持召开的中央军委会议上指出：我们现在进行的经济恢复是为了打基础，准备新的建设。现在看来，朝鲜战争会长期拖下去，不是一两个战役即可结束的。因此，我们只能一面作战，一面建设国防力量，一面恢复经济，把作战与建设结合起来，边打边建设。我们要充分准备对付敌人的封锁、侵扰和轰炸，巩固大陆，巩固国防。② 周恩来讲的这个思想，随后由中共中央将其概括为"边打、边稳、边建"的方针。

---

① 参见《周恩来年谱（1949—1976）》上卷，中央文献出版社1997年版，第100页、第110页。
② 参见《周恩来年谱（1949—1976）》上卷，中央文献出版社1997年版，第131页。

实行这一方针，既有力地保证了志愿军在朝鲜战场上的作战，也有力地保证了国内社会秩序的稳定、国民经济的恢复和国防建设的加强。

二是参加志愿军后勤工作会议，重点解决运输和供应问题。由于数十万志愿军开赴朝鲜前线，而朝鲜经济又十分困难，在后勤方面只能实施"出国作战要自力更生，立足国内供应"的方针。入朝初期，战场上后勤工作滞后相当突出。为解决这方面问题，东北军区准备召开后勤工作会议进行专门研究。1951年新年过后，周恩来就召集杨立三等开会，通报中共中央东北局副书记、人民解放军东北军区副政委李富春来电所谈东北军区召开后勤工作会议的准备情况和对志愿军后勤部组织机构设置等问题的意见。东北军区后勤工作会议，即中国人民志愿军第一届后勤工作会议，于1951年1月22日至30日在沈阳召开，周恩来偕代总参谋长聂荣臻等出席。这次会议首先明确要实行后勤工作方针的转变。过去的后勤工作基本上是取决于前线的方针，所谓"蒋介石是运输大队长"就是这一方针的形象表述。现在转变为主要甚至完全依靠后方的供应，联合兵种的供应。现代战争对后勤的依赖性很大，后勤工作的好坏不仅直接影响战役战斗的规模，还关系着战争的进程和结局。后勤工作必须适应新情况，转变后勤保障观念，改变传统的后勤制度和作风。从入朝后的前三次战役看，后勤工作的最大困难是运输不足和前线需要量大。尽管后勤战线广大官兵尽了很大努力，但前三次战役的后勤保障仍不能满足作战需要。粮食，仅能保障需要量的 1/4 左右；弹药，只能作重点补给。第一次战役，我志愿军追击到清川江时就基本耗尽粮弹。第二次战役的东线作战，第九兵团广大指战员是从华东地区来的，衣被单薄，冒着零下 30 多摄氏度严寒作战，冻饿减员竟大于战斗伤亡。

　　针对这种情况，会议决定组织强有力的供应线，建立东、中、西 3 条兵站线，改变运输被动局面。这次会前，为了适应战时运输的需要，周恩来在审改《中央军委关于东北铁路运输实行军事管制的指示》中，已经决定成立东北军区军运司令部，"今后东北一切运输包括军事、贸易等物资在内，一律须经过军运司令部批准实施，以免混乱"。会上，进一步落实了这个指示。在会前，周恩来起草中央军委致彭德怀等电：同意加强志愿军后勤组织，批准成立志愿军后勤部，责成总后勤部从关内五大军区抽调一批得力干部组建该部。志愿军后勤部与东北军区后勤部的分工，虽然以中朝边境为界，但因"前方任务繁重，东北后勤部应尽力帮助志愿军管辖范围内的后勤工作"。这次会上，将两个后勤部门的分工合作关系作了更好的协调。周恩来还听取会上反映的各种意见。来自前线的同志说，大盖帽不便防空、爬山、钻林，战士穿套头式的军衣负伤后不好脱，周恩来即建议将帽子改成"解放帽"，军衣改成对襟式，棉衣加扎绒线。不少具体问题得到解决落实。

(二）为解决彭德怀回京面述前方志愿军的严重困难所作的巨大努力。

中共中央和中央军委虽然非常重视并十分关注志愿军后勤保障工作，但有些具体问题的解决落实也需一个过程。

有如前述，在第四次战役第一阶段作战胜利结束并对第二阶段作战部署好交由邓华全权指挥后，彭德怀对于后勤保障没有得到明显改善的状况忧心如焚，便于1951年2月21日急匆匆回京向毛泽东当面报告志愿军的四大困难，请求中央及时解决。毛泽东当即表示："中央对志愿军在朝鲜前线的困难处境很关心，根据现在的情况来看，朝鲜战争能速胜则速胜，不能速胜则缓胜，不要急于求成。"[①] 这使彭德怀顿时感到战役部署有了一个机动而又明确的指导方针。同时，他陈述的各种困难，由中央军委召集各部门负责人逐条讨论，努力落实解决。他陈述的第一大困难是伤亡很大，兵员得不到补充，战斗力减弱。这在前面讲的中央实施轮番作战方针后已经解决，不再赘述。其他问题也由周恩来牵头解决。

1951年2月底，根据毛泽东指示，周恩来和彭德怀一起召集军委各部负责人在总参谋部开会，讨论各大军区部队轮番入朝后如何保障志愿军物资供应问题。彭德怀介绍了志愿军面临的严重困难，要求国内各方面想办法大力支援前线。讨论到具体问题时，有些人强调国内机构刚刚建立，许多问

---

① 《彭德怀传》，当代中国出版社1997年版，第453页。

题难以落实。彭德怀十分恼怒地说：这也困难，那也困难，你们去前线看看，战士吃的什么，穿的什么！伤亡那么多人，他们为谁牺牲？现在既没有飞机，火炮又很少，后方运输根本没保障，粮食服装运不上去，又饿死、冻死了很多战士，难道你们就不能克服困难吗？会场气氛骤然紧张。主持会议的周恩来虽大度维持，会议还是未达成共识。

但是，志愿军的困难仍要努力解决。这副担子又落到了周恩来肩上。这次会后，他连续召开中央军委会议，对加强志愿军第一线兵力和后方供应又作出了一系列决定。一是进一步明确了凡国内的部队都要轮番到朝鲜作战，既可替换第一线部队休整，又可锻炼部队，提高全军现代化作战指挥能力；二是将刚改装的空军和高射炮部队调到朝鲜北部掩护后方交通线，再向苏联购买几十个师的武器装备；三是调用国内各种物资大力支援前线，由几个大城市为志愿军制作炒面和罐头食品；四是号召国内各行各业增产节约和捐款购买飞机大炮。[①] 这些措施对减少志愿军的困

[①] 周恩来以政务院名义布置有关省市发动群众，家家户户炒炒面。这种干粮是用七成小麦、三成杂粮炒熟磨碎后加盐而成的易于运输、储存和食用的方便食品。作战时，战士随身背一条炒面带，吃一口炒面，再吃几口雪，就可以充饥了。周恩来本人还同政务院机关的干部一起炒炒面。捐献飞机大炮从1951年6月1日算起，至1952年5月31日，全国各界人士捐款总额达人民币5.565亿元（新币），以每架战斗机15万元计算，可折合战斗机3710架。其中华东地区捐献约2.1320亿元，折合战斗机1421架，占全国捐献总数的38.3%，仅上海市即捐了8491万余元，折合战斗机566架，占全国捐献总数的15.3%。参见中共中央文献研究室编：《周恩来传》（下），1998年版，第1033页。参见军事科学院军事历史研究所：《抗美援朝战争史》中卷，军事科学出版社2014年版，第349页。

难起了重大作用。彭德怀离京前，周恩来同他进一步商讨在朝鲜作战的若干方针性问题。彭德怀离京后，周恩来继续狠抓落实后勤供应的各项措施。3月3日，他致电彭德怀等，告以第二番部队调动的行进情况、朝鲜境内机场修建的安排、空军出动计划、装甲兵出动计划、运输计划、医院床位设置计划等。并告以成立中朝联合空军，依照中朝联合司令部体制，拟由中方派司令员，朝方和中方各出一名副司令员。彭德怀得知这些讯息后，"对周恩来惊人的工作精神和工作效率大为佩服"。①

第五次战役开始后，周恩来和聂荣臻在4月中旬联名复电彭德怀：各特种兵参加第五次战役问题，军委尽一切力量争取实现，炮兵除小部分因训练与装备尚未完成外，其余已全部开赴前线。坦克部队因在我空军未出动前无法在朝鲜战场大量使用，"故决定先去一个坦克团另一个徒手团。只要在作战中能用得上，五月份还可再增加二个团"。②同时，为了改变后勤运输的极度困难情况，周恩来又实施了两个重要举措。一是改变朝鲜境内铁路管理和运输中的混乱状况，成立中朝联合军运司令部。他在4月中旬致电

---

① 参见《彭德怀传》，当代中国出版社1997年版，第454页、第455页；《周恩来年谱（1949—1976）》上卷，中央文献出版社1997年版，第133页、第135页。

② 参见《周恩来年谱（1949—1976）》上卷，中央文献出版社1997年版，第147页。

我驻朝大使转告金日成：提议为适应战争急需，朝鲜铁路必须立即置于统一的军事管制之下，即"在联司领导下，设立中朝联合的军运司令部，统一朝鲜铁路的管理、运输、修复与保护事宜"。① 以中国同志任司令，下属各级组织均由中朝两国同志分任正副职。联合军运司令部暂设沈阳，其下设铁道军事管理总局于朝鲜境内，中国铁道兵团及朝鲜铁道修复机构均归属军运司令部统一管辖。随后，中朝两国政府代表正式达成《中朝两国关于朝鲜铁路战时军事管制的协议》。二是"组织一条打不烂、炸不垮的钢铁运输线"。他亲自组织铁道部、铁道兵、东北铁路管理局等各方面力量，抢修铁路、公路和交通枢纽设施。交通设施常常是白天被炸，当晚修复，保证车辆夜间行驶。他要求在运输线上普遍设立"防空哨"，尽量躲避敌机的轰炸。他还下令从地方抽调大批汽车司机和汽车修理工人补充志愿军，增强军队运输力量。随着中、朝、苏三国空军掩护的加强，这条"钢铁运输线"基本畅通。

1951年4月底，周恩来会见受彭德怀派遣回国汇报工作的志愿军副司令员洪学智，听取他介绍前线后勤供应中存在的问题。周恩来指出：美帝国主义利用我们没有制空权欺负我们，疯狂到了极点。但是他们没有想到，在他们

---

① 参见《周恩来年谱（1949—1976）》上卷，中央文献出版社1997年版，第148页。

的海空优势下，我们却打到了三八线。战士们的勇敢精神，打掉了恐美病。同志们付出了鲜血，但教育了全国人民。美军会不会登陆中国？现在还不能肯定。但是前线我方胜利越大，美军登陆的可能性就越小。所以，前线一定要打好。中央军委考虑，要尽快出动飞机。当然我们的飞机有限，只能给敌机制造一点混乱，振奋一下士气。美军这是第一次在世界上吃败仗。不过，志愿军要想不吃亏，就得研究对付敌机轰炸的办法。他还说：抗美援朝战争，对我军后方供应提出了许多新的问题。你们要好好研究一下现代战争后勤工作的特点。外国的军事家说，后勤是现代战争的瓶颈。志愿军后勤必须加强。中央军委考虑，要给志愿军后勤增派防空部队、通信部队。你们关于成立志愿军后方勤务司令部的想法很好，很重要，军委一定尽快地加以研究和采取措施。5月中旬，中央军委作出《关于加强志愿军后方勤务工作的决定》，成立志愿军后方勤务司令部，任命洪学智兼任司令员，周纯全任政治委员，负责管理志愿军在朝鲜境内的一切后勤组织与设施，统一指挥配属的各部队。①

后勤供应的有力改善，为抗美援朝战争期间战场规模最大、投入兵力最多的第五次战役，打成世界级别的大战

---

① 参见《周恩来年谱（1949—1976）》上卷，中央文献出版社1997年版，第126—127页。

并取得歼敌 8.2 万余人的辉煌胜利，立下了"粮草先行"的保障之功！经过这次双方都有百万之众兵力的较量，使美国当局认识到要想吞并朝鲜是根本不可能的，只有坐下来谈判才是结束战争的最好出路。

（三）继续与苏联商谈武器装备援助和空中保护。

前面已经谈到，苏联政府对于武器装备援助一直是积极的，但对于提供空中保护的态度却经历了一个由积极到不积极再到积极的转变过程。

朝鲜战争爆发后，苏联方面曾主动表示要对中国实行空中掩护并用喷气式飞机装备我国空军。在"联合国军"越过三八线，斯大林希望中国出兵援助朝鲜，中共中央初步决定抗美援朝之后，1950 年 10 月上旬到中旬，周恩来在苏联与斯大林等领导人商谈苏联空军掩护问题时，他们的态度却变了，说苏联空军尚未准备好，需待两个月或两个半月才能出动空军支援志愿军作战，随后又表示苏联将只派空军到中国境内驻防，不准备进入朝鲜境内作战。周恩来在 1950 年 10 月赴苏谈判时，只敲定了武器装备援助，没解决苏联提供空军保护的问题。斯大林态度的再转变，是在中国人民志愿军跨过鸭绿江打响入朝作战第一枪后，这多少出乎苏联人的意料。10 月底，中国政府得到通知，苏联空军将在安东地区担任防空，并可飞越中朝边境。

苏联的态度变了，中国希望苏联援助的要求更多了。中国要求援助主要是四个方面：第一，也是最重要的，希望苏联空军飞到朝鲜上空保护交通运输线，使军火物资和食品供应得到一定保障；第二，提供火炮、汽车、坦克等重型装备和弹药，改善作战能力；第三，帮助中国修建兵工厂，制造中国缺乏的重型武器，提高军工自给能力；第四，帮助中国装备空军和海军，加快国防现代化。周恩来既是中央军委主持日常工作的副主席，又是政府外交部部长，凡是与苏联商谈武器装备援助和空中保护问题，都经他出面联系办理。

1. 关于苏联提供空军保护。这不是简单的派不派飞机入朝的事，还有一个能否在朝鲜修建机场供飞机使用的问题。就派飞机入朝而言，在1950年10月底苏联方面表示苏联空军可飞越中朝边境之后，斯大林又建议：拟增派120架米格-15喷气式飞机，分两批来华，并由此成立空军军一级的指挥机构。周恩来与苏联驻华军事总顾问沙哈罗夫商定：苏联空军除使用安东、鞍山、辽阳、沈阳的机场外，并在安东附近再修一个机场供其使用。在彭德怀回京向毛泽东面告志愿军遭敌机狂轰滥炸，道路、车辆毁坏严重，物资得不到保障的困难后，周恩来当即为毛泽东起草致斯大林电，说彭德怀希望尽快派空军掩护中朝军队后方运输线。3天后，斯大林复电，同意派遣两个苏联驱逐机师，进入朝鲜境内作战，以掩护中朝军队的后方。1951年3月中旬，苏联政府决定再派一个三团制的空军师（90架喷气式飞机），置于安东地区，"以便让中国原准备在安东的一个驱逐机师推进到平壤地区。大型歼击机师到安东去，以便两个原定掩护安东的中国歼击机师调往前线"。①

修建机场问题远比接受增派飞机复杂得多，周恩来为解决此事所花费的精力也更多。彭德怀在京汇报困难后，周恩来就开始考虑修建机场问题。他致电我驻朝临时代办柴军武转金日成，"为保证三月份能完成机场修建任务，力争空军参战起见，除中国方面努力抽调高射炮部队加强防空并抽调工程部队、运输车辆提高机场修建速度外，请朝方能抽调两三个新兵师参加机场修建，解决人力不足之困难"。②

从3月中旬至4月下旬，周恩来不断与中、朝、苏三国有关方面沟通和协调解决这个难题。他多次电告彭德怀等，指出：在朝鲜境内抢修足够的机场，是目前争取空军早日参战的中心课题。第五次战役前夕，他电告说："现在，最困难的是空军，而空军中最困难的是机场。"苏联所用的机场，5月中旬以前无法修好。"苏空军五月初既不能出动，我空军在无掩护又无机场的情况下，这次战役实无法出动参加。现在的中心问题，是如何尽快把机场赶修出来，及如何利用国内的机场掩护平壤以北交通运输，以减

---

① 参见《周恩来年谱（1949—1976）》上卷，中央文献出版社1997年版，第134页、第140页。

② 参见《周恩来年谱（1949—1976）》上卷，中央文献出版社1997年版，第134页。

少前线补给的困难。"① 第五次战役期间，朝鲜境内的机场尽管没修好，但后勤供应在其他方面有很大改善，对于这次战役的胜利仍起了重要作用。

周恩来为加快修建机场想了很多办法。一是人工和土石材料望朝方帮助解决。他电告我驻朝临时代办转金日成：为完成抢修机场任务，只要中国能办到的，我们尽一切可能加紧准备。"但沙石、洋灰与人工则必须请朝鲜解决，特别是人工最为重要。"② 二是动用入朝轮番作战部队抢修机场。朝方劳动力有限，满足不了抢修10多个机场的紧迫需要。周恩来电告说：现在，中、朝、苏三方面准备进入朝境作战的空军部队增至17个团，计：我方10个团，朝方3个团，苏方4个团。目前，"不论作战，不论运输，都以争取修好机场，以利苏联空军先行出动掩护为中心一环，故只有以战斗部队修筑机场才能完成此项任务"。③ 3月下旬，周恩来经与有关方面商谈后，同意已入朝部队在前方长期作战，消耗急需补充，不宜再参加修建机场，决定从第三番部队中抽调一个军前往朝鲜担负修建机场任务。4月初，周恩来即约见来京接受任务的该军军长等商议修建机场具

---

① 参见《周恩来年谱（1949—1976）》上卷，中央文献出版社1997年版，第147—148页。
② 参见《周恩来年谱（1949—1976）》上卷，中央文献出版社1997年版，第139页。
③ 参见《周恩来年谱（1949—1976）》上卷，中央文献出版社1997年版，第141页。

体事宜。4月中旬，该军即可到达目的地。三是先修苏联空军掩护急用机场。由于需修建的机场有10多个，苏方使用的机场定为6个，先修4个；我方使用4个机场，朝中双方还合用3个机场。周恩来电告，"目前不管在人力、物力、运输、掩护诸方面，都不可能做到所有机场同时动工，只能采取逐步前进的方针"。故决定第一步由我方负责先在平壤以北安州以南地区内修起4个机场，以使苏联空军的2个驱逐机师120架飞机，能同时进入该区。朝鲜方面负责在美林、平壤、力浦、温井里、安岳等地，首先修起2个喷气式机场，以利空军可先去一个师。[①] 由于苏方坚决要求我方同时修好苏机使用的4个机场，周恩来只好答应将我方派的一个军先去修好苏机使用的4个机场，而将我方使用的4个机场交朝方修建，让他们先修2个，如届时不成，再由我方接修。他说，"因考虑到苏机如不能进入朝鲜作战，我空军亦无法在其掩护下前进"，故只能如此。[②] 四是使用钢板跑道，尽早让苏联飞机进入朝鲜作战。由于修筑高标水泥跑道的工期时间长，为了保证中、朝、苏空军准时入朝担负掩护交通运输的任务，周恩来提出"先在苏联空军使用地区修成两个使用钢板跑道的机场（比较易修），

---

① 参见《周恩来年谱（1949—1976）》上卷，中央文献出版社1997年版，第141页。
② 参见《周恩来年谱（1949—1976）》上卷，中央文献出版社1997年版，第143页。

将苏空军一个师先行进入朝鲜作战"。在苏军另一个喷气机师使用的两个机场的钢板跑道建成后，苏联飞机就可入朝担负掩护交通运输任务。他与苏方谈妥，苏方应允于每日下午3时起派空军掩护我方火车自安东渡江向南行驶。五是建议朝方空军配合苏联空军掩护。苏方在答应实行空中掩护后，又由于只有喷气式飞机，在迎击美机时进行低空作战有困难，而中方驱逐机部队未完成训练任务不能出动，周恩来致电我驻朝大使转金日成："建议朝鲜空军在新义州的部队，以二十架拉九和雅克式飞机配合安东苏方空军进行安东经安州至平壤线的掩护。另请由延吉调二十架拉九机，以通化飞机场为基地，负责对辑安、江界、球场线的掩护。"[①]

经过这样诸多办法，最后解决了苏联空军入朝掩护中朝运输线问题。据有关方面统计，苏方以苏联志愿空军名义，从1951年第二季度开始，秘密出动至朝鲜境内清川江以北地区上空，担负掩护铁路运输和掩护后方目标的作战任务。苏方一直保持4至7个团的兵力，直到朝鲜战争结束。整个战争期间，苏联轮番参战的空军人数达7.2万人，进行空战1872次，击毁敌机1106架，自身损失飞行员120

[①] 《周恩来年谱（1949—1976）》上卷，中央文献出版社1997年版，第146页。

人和飞机 335 架。①

同时,我国的空军在苏联的帮助下也成长起来了。1951 年 1 月 21 日,中国人民志愿军空军开始小规模实战锻炼。1 月 29 日,志愿军空军就在朝鲜新安州上空击落、击伤美国空军飞机各一架。这是志愿军空军第一次击落敌机。2 月下旬,周恩来约聂荣臻、刘亚楼等商谈中国空军入朝作战问题。9 月,中国人民志愿军空军在苏联空军带领下,采取轮番作战方针,以师为单位陆续投入作战,反击美军发动的"绞杀战",并掩护平壤以北机场的修建。从 1952 年 1 月始,志愿军空军独立作战。直至抗美援朝战争结束,志愿军空军共击落敌机 330 架、击伤敌机 95 架,许多飞行员取得突出空战成绩。②

2. 关于苏联提供地面武器装备。我国在组建东北边防军后,周恩来就开始同苏联军事副总顾问等商谈苏联提供武器装备问题,并向苏联政府提出订货计划。他本人在苏联谈判期间,提出请苏联援助中国参加抗美援朝所需的军事装备,并向中国提供各种类型的武器与弹药,首先是陆军轻武器的制造蓝图供中国仿造等要求,斯大林表示,可

---

① 参见中国军事科学院军事历史研究所:《抗美援朝战争史》上卷,军事科学出版社 2014 年版,第 274 页。沈志华:《毛泽东、斯大林与朝鲜战争》,南方出版集团、广东人民出版社 2013 年版,第 340 页。
② 参见《周恩来年谱(1949—1976)》上卷,中央文献出版社 1997 年版,第 132—160 页。中国人民解放军军事科学院军事历史研究所:《抗美援朝战争史》下卷,军事科学出版社 2014 年版,第 21 页。

以完全满足中国抗美援朝所需的飞机、大炮、坦克等军事装备。

周恩来回国后,继续与苏方商谈提供地面武器装备援助问题。1950年11月上旬,他代毛泽东起草致斯大林电:由于我人民解放军步兵武器的主要来源,过去是缴自敌方,枪炮口径极其混乱,弹药生产相当困难。为解决我入朝部队即将发生的困难,请供给我国36个师的步兵轻武器装备。3天后,斯大林复电,同意供给中国所需步兵武器,将于1951年1—2月交货。周恩来约见苏联军事总顾问,请去电催中国所购第一批汽车务于11月内运到,"现时汽车第一,坦克、大炮都可以放在汽车后头"运来。[①] 1950年底,斯大林在了解到中国人民志愿军作战的困难后,又主动提出增加汽车2000辆。1951年春,我方提出增加6000辆运输汽车的订货,斯大林也爽快地答应供给。1951年2月1日,周恩来即同苏联军事总顾问沙哈罗夫分别代表中苏两国政府签订关于苏联向中国政府提供军事贷款的协定。协定确定由苏联向中国提供12亿3500万卢布的贷款,用以购买中国在抗美援朝战争中所需的军事装备、弹药和铁路器材,规定在1950年10月19日出兵抗美援朝前的军事订货以全价付款,抗美援朝以后的军事装备与弹药

[①] 参见《周恩来年谱(1949—1976)》上卷,中央文献出版社1997年版,第92页。

的订货以半价付款,铁路器材的订货则以七五折付款。①毛泽东后来谈起此事说:"我看也还是要感谢苏联,它总帮助了我们军火和弹药嘛,算半价。还有汽车队呀。"②

3. 关于向苏联购买飞机,武装我国空军,发展我国航空工业。1950年8月上旬,周恩来主持中央军委会议,讨论为适应空军执行空中运输任务的需要,向苏联购买适合于高空飞行的运输机问题。经毛泽东批示,务必于1951年春季能有30架高空机。为组建更多空军部队,9月初,周恩来指示空军设法在航空学校第二期学员毕业后,组建一个建制为3个团的喷气式歼击机航空师。9月下旬,周恩来召集空军司令员刘亚楼等商议有计划地向苏联订购各类军用飞机事宜。10月底,他又约苏联军事总顾问沙哈罗夫商谈我国飞机修理厂和飞机引擎制造厂的建设问题。他说:我们计划在东北现有工厂的基础上进行兴建,拟分两步走,首先做到能够装备和修理飞机,制造某些飞机零件,待将来条件成熟后再发展为飞机制造厂。建议苏联先派设计组来我国实地考察,然后提出建设计划。12月中旬,周恩来偕刘亚楼等再次同沙哈罗夫,还有苏联来华调查情况的航空专家商谈建立新中国航空工业。随后,他同陈云等商定

---

① 参见《周恩来年谱(1949—1976)》上卷,中央文献出版社1997年版,第124页。
② 《毛泽东会见金日成的谈话记录》,1970年10月10日。

派代表团前往苏联谈判中国航空工业的建设。代表团行前，他偕聂荣臻、刘亚楼与代表团成员开会，进一步商讨中国航空工业的发展道路问题。他在总结时指出：中国的航空工业建设要从中国的实际情况出发。我们是先有空军，而且正在朝鲜打仗，大批作战飞机需要修理。我国是拥有960万平方公里的国土和6亿人口的国家，靠买人家的飞机、搞搞修理是不行的。因此中国航空工业的建设道路，应当是适应战争的需要先搞修理，再由修理发展到制造。开始规模搞得小一些，由小到大，主要先解决飞机修理的需要，要保证朝鲜打仗。在设计和建设修理厂的同时，应有今后转为制造工厂的安排。1951年2月中旬，我国航空工业代表团从莫斯科来电汇报谈判情况。周恩来当即指出：苏联帮助我们搞航空工业建设是要算账的，我们的外汇不多，把钱过多地用到航空工业上国家吃不消，这样就不能照顾其他工业部门的建设了。你们可将建设的规模缩小1/3。当晚，代表团遵照他的指示修改了计划。次日，中苏两国代表团达成关于苏联援助中国建设航空工业的协议。[①]

1951年7月中旬，周恩来约见空军司令员刘亚楼，口授要点，指示其为毛泽东起草致斯大林电。电文概述中国空军1951年、1952年的编组比例和发展计划，说：中国

---

① 参见《周恩来年谱（1949—1976）》上卷，中央文献出版社1997年版，第131—132页。

空军目前已组成 16 个师 32 个团。今年冬季,各航校的学员毕业后,届时将组成 48 个团。中国现有 8 个航校,到 1952 年底,可达 80 个团。希望苏联政府根据这一比例和计划与目前在莫斯科的中国空军参谋长谈判,并确定今明两年的航空订货。电文经周恩来、毛泽东审定发出半个月后,斯大林复电表示,"同意你们关于建设强大为数八十个团的中国空军团的计划,并且我们可以供给你们编组这些空军团所需的必要数量的飞机",但"在你们的计划中没有空军的侦察部队","这是一个严重缺陷。我们意见需考虑再编组一个由两个侦察团组成的空军师"。斯大林提出,所提空军发展计划如能推迟到 1953 年中来完成较为妥当。一个多星期后,经周恩来审定的复斯大林电说:"我们同意将组成八十个团的发展空军计划完成时间延长半年,即到一九五三年六月完成之,并同意准备成立空军侦察部队。"①

周恩来的上述工作,为我国航空工业的发展既指明了方向,也奠定了基础。

4. 关于苏联援助中国兵工建设,对接前方作战之需。随着抗美援朝战争的进行,常规武器的需要量越来越大,苏联的援助能够解决不少,但主要是提供重型武器,轻型武器不能完全依赖进口,要发展我们自己的兵工企业。为

---

① 《周恩来年谱(1949—1976)》上卷,中央文献出版社 1997 年版,第 160—161 页。

加强对兵工生产和建设的领导，1951年1月初，周恩来和聂荣臻、李富春联名发出中央军委通知：奉毛泽东主席令，成立中央军委兵工委员会，以周恩来为主任，聂荣臻、李富春为副主任，杨立三等为委员，雷英夫为秘书长。

1951年4月下旬，中共中央和中央军委决定，派遣以徐向前总参谋长为首的中国代表团前往莫斯科，与苏联政府商谈中国今后的兵工建设问题，希望苏联政府向中国提供各种兵器与弹药，首先是陆军轻武器与弹药的制造蓝图，以便进行仿造。5月初，斯大林复电同意供给中国制造苏军装备中现有各种武器、弹药所必需的蓝图。随后，周恩来致电苏联部长会议副主席兼国防部长布尔加宁，告以中国代表团全体成员名单及启程日期。为以徐向前总参谋长为首的中国代表团访苏作准备，中央军委兵工委员会起草了对今后兵工建设问题的意见的报告。报告称：根据目前国际形势，要争取朝鲜战争的胜利和维护大陆的国防安全，需要保持60个军180个师的国防军。我们国防军的装备必须朝着生产自给的方向努力。报告对以徐向前为团长的兵工代表团赴苏联谈判提出了初步方案。5月中旬，毛泽东审批了这个报告，并约见徐向前，交代去苏联的谈判任务：一是购买武器装备；二是多搞点技术项目，发展自己的兵工生产。"帝国主义如此欺负我们，我们没有自己的兵工工业，不解决部队的武器装备问题，是不行的。要学习苏联，把先进技术拿到手,自力更生,建设一支强大的国防力量。"①

在徐向前赴苏谈判期间,6月上旬,中央又委托与金日成一起前去苏联谈朝鲜前线战事的高岗带去向苏联增订武器及其他军事物资的订货单。这是朝鲜战场1951年内所必需和最低要求的订单,即60个师的步兵武器,各种火炮、坦克、飞机、汽车及汽车零件、各种汽油、药品等武器和器材。毛泽东亲自电告徐向前说明情况:一是由于在朝鲜战场上敌人各种火力的强大,使我军各种武器的损坏和损失甚大,不断需要武器补充;二是"自参战以来到今年底,我们动员了一百一十万新兵,这些新兵都需要武器训练和带上武器上前线,这是与过去国内战争大不相同的。因此如果可能的话,必须请求苏联政府将订单中各种武器能于七月开始分批运来,每月运六分之一,年底运完,使朝鲜战场我军能暂照现行编制不断得到补充"。该电强调,我们订货的目的,主要是为战场的急需,这与我兵工生产毫无矛盾。"你们代表团关于兵工生产问题继续商谈时可按苏总参谋部提出的编制意见作为根据。唯六十个师的新编制和装备,可能成为我军首先现代化的骨干,而我整个国防军拟定为一百八十个师,因之我们的兵工生产是为装备

---

① 《毛泽东年谱(1949—1976)》第1卷,中央文献出版社2013年版,第339页。

这样一个数目的,并应当于三年到五年内完成之。"①

徐向前与苏联总参谋部和斯大林会谈后,斯大林应允给予60个师的装备,并提出中国对这些师的装备要求不够强,建议每个师须配备坦克,增加火炮。但是,交货时间与中方的期望有距离。斯大林电告毛泽东说:关于60个师的装备的交货时间,只应按照苏联的生产和运输的可能条件去规定,即在3年内才能完成60个师的订货,而在1951年内只能完成10个师的订货。6月底,毛泽东复电斯大林,表示同意苏方的安排,并对斯大林提出的加强中国现代步兵师的编制建议表示感谢,认为中国军队有了按照这个意见装备起来的60个步兵师,就较现在的军队要强得多了。

1951年7月中旬,周恩来审改为毛泽东起草的致徐向前电,进一步增写了三条意见:(1)对苏业已答应的七种武器及附属装备的生产和建立四个新厂的问题,可请其先派设计组来。(2)各种弹药厂,须与我原有者结合,须增加者亦应俟其设计组到中国考察后方能作最后确定。(3)兵工建设应先签订武器蓝图及设计两种合同,其他合同须俟设计后方能签订。电文指出:"兵工生产问题,同意以苏联现有武器弹药器材为标准,统一口径、统一制式","请

---

① 参见《毛泽东年谱(1949—1976)》第1卷,中央文献出版社2013年版,第362—363页。

你们在莫斯科将我们各兵工厂的现状材料告诉苏方，以便他们考虑改装与新建我国兵工生产的方案。同时在商谈时应将新建工厂与改装原厂的计划结合起来，将供应目前需要与供应将来的需要结合起来"。①

以徐向前为团长的兵工代表团的访苏和毛泽东、周恩来对发展我国兵工生产的指示，既为缓解抗美援朝战争困难起了重要作用，也为我国兵工生产和国防工业的现代化建设奠定了初始基础。

彭德怀说："抗美援朝战争的胜利，百分之六十至七十应归功于后勤。"② 就大后勤而言，上至中央军委，下到志愿军后勤部门，从与苏联交涉提供空军保护，到组织一条打不烂、炸不垮的"钢铁运输线"，使武器装备和物资供应能得到一定保障，从而前方指战员能对敌人顽强作战取得胜利。这样来理解这个评价，是全面的，是符合历史真实的。

---

① 参见《周恩来年谱（1949—1976）》上卷，中央文献出版社1997年版，第157—158页。

② 参见雷英夫：《抗美援朝几个重大决策的回忆》（续完），《党的文献》1994年第2期。

第五篇

参与运筹停战谈判的『文仗』

抗美援朝战争是世界战争史上非常奇特的战争,"打了三年,就谈了两年"。"打"和"谈"不是完全截然分开的。志愿军入朝的前9个月就是"打",所谓"打了三年"是概数。从朝鲜战争开始算起,则是3年又1个月。"谈了两年",则是实数,从1951年7月到1953年7月。这两年并非"谈"而不"打",而是边谈边打,又打又谈,甚至是以打为基础,美方打不赢了才回头来谈。美方最后之所以答应签署停战谈判协议,实在是没辙了,不得不低头。这是抗美援朝战争的第二阶段,也可以说是以政治斗争为主线、以有力的军事斗争相配合的新阶段。在这个阶段,毛泽东是精心谋划两年停战谈判的总设计师,周恩来是协助毛泽东指导前方谈判代表团的主要副手,也可以说是副总设计师。

"文仗"一语,本来是1951年8月下旬周恩来为毛泽东致电谈判代表团,要求加强对敌文字宣传斗争而使用的。

他指出,"代表团的任务是谈判兼打文仗"。① 该电将"文字的宣传斗争"提升为打"文仗",说明宣传斗争与武装斗争同等重要。受此感悟,我以为谈判斗争也可视为"文仗",以与前述"参与决策军事斗争的'武仗'"相对应。这也许更能增进对谈判斗争丰富内涵的认识。

(一)停战谈判的缘起和周恩来协助毛泽东的主要工作。

对于朝鲜战事的发展,中共中央和中央军委实际上有两条底线。一是就派兵援朝抗美来说,美军越过三八线,中国不能不管。周恩来在1950年10月初声明:美国军队越过三八线,扩大战争,我们不能置之不理,我们要管。二是在朝鲜战争爆发后,我国就一直主张和平调处朝鲜问题,使朝鲜问题局部化,一切外国军队撤出朝鲜,让朝鲜人民自己解决朝鲜问题。但美国政府对此置若罔闻。1950年11月下旬,我国代表(当时的背景是中国政府于1950年11月派出代表团参加联合国大会和安理会"美国侵略台湾案"的讨论)在联合国大会上再次提出这一建议,又被在美国操纵下的联合国安理会拒绝。经过志愿军入朝后的两次战役,中朝军队将美国为首的"联合国军"打得异常狼狈,粉碎了其在"复活节"前班师回国的美梦。这时美

---

① 《周恩来年谱(1949—1976)》上卷,中央文献出版社1997年版,第176页;《毛泽东年谱(1949—1976)》第1卷,中央文献出版社2013年版,第390页。

国当局又通过联合国玩弄"停火"阴谋,争取喘息时间,调整兵力,以便实施再行进攻的妄想。

针对这个背景,周恩来在1950年12月20日发表声明,揭露美国当局一贯反对和平解决朝鲜问题的真实面目,重申中国政府坚持和平解决朝鲜问题的主张,强调以一切外国军队撤出朝鲜及朝鲜内政由朝鲜人民自己解决为和平调处朝鲜问题的谈判基础。① 新年过后,在1951年1月中旬,他多次提出召开有关各国会议,和平解决朝鲜问题的四项建议。②

那时的美国尽管吃了败仗,但仍不服输。如毛泽东和周恩来指出的,敌人不被大部消灭,是不会退出朝鲜的。"必须准备长期作战,以几年时间消耗美国几十万人,使其知难而退,才能解决朝鲜问题。"③ 美国的猖狂只支撑了几个月。第五次战役双方出动近百万大军的空前较量,使美国当局意识到光靠军事斗争是解决不了问题的,于是从

---

① 《人民日报》1950年12月21日。

② 1951年1月17日,周恩来致电联合国大会第一委员会,提出了迅速结束朝鲜战争的四项建议。这四项建议是:甲、在同意从朝鲜撤退一切外国军队及朝鲜内政由朝鲜人民自己解决的基础上举行有关各国的谈判,以结束朝鲜战争。乙、谈判内容,必须包括美国武装力量从台湾及台湾海峡撤退和远东有关问题。丙、举行谈判的国家,应包括中华人民共和国、苏联、英国、美国、法国、印度和埃及七国。中华人民共和国在联合国的合法席位即从举行七国会议予以确定。丁、七国会议的地点,应选在中国。参见《建国以来周恩来文稿》第四册,中央文献出版社2018年版,第57—58页。

③ 《周恩来年谱(1949—1976)》上卷,中央文献出版社1997年版,第134页。

1951年5月中旬始，就想方设法同中国方面接触，谋求通过谈判实现"体面停战"。5月底，受美国政府指派的国务卿顾问以私人名义拜访苏联驻联合国代表马立克，透露美国方面关于在三八线一带停战的意向，可以"任何方式与中国共产党会面，讨论结束朝鲜战争问题"。①

中国、朝鲜、苏联三国政府商议后，马立克6月23日在联合国提出和平解决朝鲜问题的建议："交战双方应该谈判停火与休战，双方把军队撤离三八线。"② 一个星期后，"联合国军"总司令李奇微于6月30日奉命发表关于和平谈判声明，向朝鲜人民军和中国人民志愿军提出举行停战谈判的建议。7月1日，金日成、彭德怀联名复函李奇微，同意举行停战谈判。自此以后，抗美援朝战争就转入停停谈谈、边谈边打、亦打亦谈、以打促谈的新阶段。

周恩来在这个新阶段里的担子仍然繁重。第五次战役后期，由于长期超负荷运转，身体一直硬朗的他终于积劳成疾，经中央批准，于5月下旬去大连休养了一个多月，停战谈判开始后回京又投入到紧张的工作中去。毛泽东直接掌握谈判进程，决策谈判的方针对策。周恩来自土地革命战争后期以来，就一直是我们党负责对外谈判的主要负

---

① 参见军事科学院军事历史研究所著《抗美援朝战争史》中卷，军事科学出版社2014年版，第351—352页。

② 《周恩来年谱（1949—1976）》上卷，中央文献出版社1997年版，第155页。

责人，被誉为"党内头号谈判专家"。对外谈判，毛、周各有所长，天作之合，相得益彰。这次停战谈判，协助毛泽东作为主要助手非周恩来莫属。

当时，在前方负责谈判工作的代表团，主要有两个班子：一是谈判代表（公开露面的）。在朝方作为朝鲜人民军最高司令官金日成的代表是南日大将；在中方作为中国人民志愿军司令员彭德怀的代表出席谈判会议的，为中国人民志愿军副司令员邓华和参谋长解方。毛泽东电告金日成，"此次谈判，是以你的代表为主，中国志愿军的代表为辅"。[1] 因此，南日大将为朝中方面谈判首席代表。二是谈判工作组（不公开露面的）。它由外交部副部长李克农率领，成员包括外交部国际新闻局局长乔冠华等，协助指导谈判工作。李克农、乔冠华此前长期在周恩来手下工作，周恩来与他们直接联系更为方便。

据时任周恩来的军事秘书郭英说，周恩来总是通宵达旦地工作，常常是上半夜处理战场上的问题，下半夜处理谈判中的问题。谈判代表团每天都要发来电报，报告当天的谈判情况、美方动向、外国记者反映、代表团的意见。这些问题，一般由他直接处理；重大的，由他提出意见，再向中央请示决定。谈判代表团有一条专用电话线，直接

---

[1] 《毛泽东年谱（1949—1976）》第一卷，中央文献出版社2013年版，第366页。

通到周恩来办公室，随时可以通话。当谈判进入紧张阶段时，代表团除书面报告外，每天都要在周恩来临睡前用电话向他报告一次。①

由于毛泽东那时忙着处理其他要务，周恩来除忙于处理政务工作外，协助毛泽东做的停战谈判工作主要是两个方面：一是指导前方谈判代表团，代毛泽东起草给谈判代表团的指示电；二是代毛泽东起草给斯大林、金日成通报谈判情况和征求意见的电报。中国人民解放军事科学院军事历史研究所著《抗美援朝战争史》中卷，对于周恩来在最高决策层的作用作了这样的定位：最高决策层，由毛泽东、周恩来与金日成协商，并征求斯大林、彭德怀的意见，确定谈判的总体方案、方针和原则，并根据谈判具体进展情况及时发出指示；最高决策层的工作，毛泽东基本是委托周恩来进行具体操作的，特别是有关谈判问题以毛泽东名义发给金日成、斯大林征求意见的电报，及发给李克农的指示，基本上是由周恩来起草或由周恩来主持起草的。② 笔者根据原中央文献研究室编写的《毛泽东年谱》，对这些电报作了初步统计，经周恩来起草以毛泽东名义发

---

① 参见中共中央文献研究室编《周恩来传》（下），中央文献出版社1998年版，第1038—1039页。

② 参见军事科学院军事历史研究所著《抗美援朝战争史》中卷，军事科学出版社2014年版，第362—263页。

给前方代表团的指示电稿,至 1953 年底达 73 份。① 他起草给斯大林的电报有 8 份,单独给金日成的电报有 5 份。② 无论是周恩来还是有关部门代为起草的所有电报,最后都经毛泽东审改或审定后发出。

就周恩来代拟的电报言,原中央文献研究室编《毛泽东传》有这样的评论:"看了这样大量的由周恩来起草、以毛泽东名义发出的电报手稿,你会感到毛、周之间的意见是多么一致。除对少数电报毛泽东有较多修改或加写一些有重要内容的话,绝大部分是一字不改,或只是偶尔改几个写得不易辨清的字,而周恩来写的电报都是一气呵成的。"③ 据此,我们完全可以说,凡周恩来所拟的毛泽东电报也是周恩来本人思想的表达。毛泽东对谈判的运筹、决策和指导,基本上也是周恩来对谈判的运筹、决策和指导。

(二)关于参与谈判主要议程问题的决策和指导。

朝鲜停战谈判,从 1951 年 7 月 10 日开始在三八线附近的高句丽王朝历史古都开城拉开序幕。谁也没想到这是一场马拉松式的谈判,一谈就是两年。最初讨论谈判议程,

---

① 根据《毛泽东年谱》记载,除周恩来为毛泽东起草致谈判代表团电外,还有由有关部门为毛泽东起草给谈判代表团的电报,在 1951 年 10 月有 1 份,多数是在 1952 年至 1953 年,初步统计有 62 份。
② 上述给谈判代表团的电报都为"并告金日成、彭德怀",不在此类。
③ 中共中央文献研究室编:《毛泽东传(1949—1976)》上卷,中央文献出版社 2003 年版,第 168 页。

确定了五项。① 此后的讨论，属程序性的第三、第五两项议程所费时间不算太长。马拉松的谈判主要在第二项议程关于确定双方军事分界线和第四项议程关于战俘的安排问题。这是两个实质性问题的谈判，这里着重解析毛泽东、周恩来是怎样决策和指导关于确定双方军事分界线，以建立非军事区的谈判的。

这个实质性问题的谈判，可谓经历了三个阶段。

第一阶段：僵持不下，立马转圜，掌握主动，纳入议程。

本来中朝方面原定的实质性谈判议程是确定在尽可能短的时间内从朝鲜撤退一切外国军队，以保证停战和朝鲜问题的和平解决。这是我国的一贯主张，也希望通过谈判首先解决这个问题。但美方首席代表坚决反对，不同意将此条列入议程。第一天的会谈就卡壳了。后来，经过 8 次会议的唇枪舌剑辩论，仍然是针尖对麦芒。这时毛泽东、周恩来开始转圜。7 月 20 日，周恩来就对停战谈判形势估计和我方对策问题，为毛泽东起草致斯大林电，指出：关于撤退一切外国军队问题，敌人始终拒绝将其列入议程，虽经我方多次驳斥，敌人仍毫无让步征候。我们对撤兵问

---

① 1951 年 7 月 26 日，朝中首席代表和"联合国军"首席代表双方通过了整个谈判要讨论的问题：(1) 通过议程；(2) 确定双方军事分界线，以建立非军事区；(3) 在朝鲜境内实现停火与休战的具体安排；(4) 关于战俘的安排问题；(5) 向双方有关各国政府建议事项。

题，似应作重新考虑。根据中朝方面情况看,"我们的武装力量在今天只能将敌人赶出北朝鲜,却不能将敌人赶出南朝鲜。战争拖久了,可以给敌人更大的消耗,但亦将给我们在财政上以很大危机,而国防建设亦将难于增长。设使再拖一个时期,假定半年至八个月,即可将敌人赶出南朝鲜,我们仍愿付出这个有危机的代价,但现在我们看不出这种可能"。这样,"与其将来为撤兵问题而进行难以得到结果的长期战,不如不以撤兵为停战谈判必须立即解决的条件",而"以从二八线撤兵停战为和平解决朝鲜问题的第一步,将从朝鲜撤兵问题保留到停战后去讨论"。这样还可以保留对此问题的回旋余地,使其成为我们手中的斗争武器。次日,斯大林电复,赞同中方意见。22日,周恩来为毛泽东起草致金日成电,就上述看法征询意见。随即,金日成复电表示同意。①

根据征得斯大林、金日成同意的上述意见,周恩来代毛泽东起草致谈判代表团电:会议争论证明敌人绝对不愿讨论撤兵问题。通过谈判,我们已经很好地通过撤兵问题揭露了美方是不愿意促进和平的。现在确定"此次停战谈判,仍应以争取从三八线上撤兵停战为中心,来实现和平解决朝鲜问题的第一步,至于从朝鲜撤退外国军队问题,

---

① 参见《周恩来年谱(1949—1976)》上卷,中央文献出版社1997年版,第161—162页;《毛泽东年谱(1949—1976)》第一卷,中央文献出版社2013年版,第378—379页。

可以同意留待停战后的另一个会议去解决而不将其列入此次会议的议程之内"。在下次会议上可提出增加"其他有关停战的问题"这一议程，以便各项议程达成协议后，"向双方有关各国政府建议，在停战协定实施后一定期限内召开双方高一级的代表会议，协商从朝鲜分期撤退一切外国军队的问题"。①

这个转圜很见效，迅速奠定了确定谈判议程的基础。前方代表团依照这一指示，在谈判会上宣布：为尽快达成协议，早日实现和平，同意将撤军问题留待停战后的另一个会议去解决，但要在议程中列入"向双方有关各国政府建议事项"。②美方代表再不纠缠了。这样，经过16天交锋，终于解决了整个谈判的议程问题。

第二阶段：揭露敌之荒谬要求，主动提出调整新方案。

对于军事分界线问题，我方最初提出的方案是以三八线为界，南北各划若干公里，建立非军事地区。但是，美方代表却狮子大张口，提出为所谓"补偿"其海、空军优势，要求将军事分界线划在离双方战线很远的中朝军队实际控制区域内，企图不战而攫取1.2万平方公里土地。对于这个荒唐要求，周恩来在1951年7月28日代毛泽东拟的致谈判代表团电指出：美方代表发言"狂妄荒谬，完全

---

① 《周恩来军事文选》第四卷，人民出版社1997年版，第204页、第205页。

② 《人民日报》1951年7月27日。

是战场的叫嚣，并非在谈判停战"。你们准备的发言，必须首先质问其有无谋和诚意，还是在准备扩大战争？"然后再痛驳其所谓海空给予地面作战的影响及地面停战而海空不停战的奇谈"，"在目前必须坚持以三八线为军事分界线的主张，并以坚定不移的态度驳回其无理要求"，"可以让它争论下去，也许要僵持几天，敌人才会重新考虑。如果敌人决心在这个问题上破裂，发表出去，他将完全陷于被动"。3天后，周恩来再代拟电告：这个问题争论已达数日之久，"我方理直气壮，已取得有利形势"，估计敌人可能继续坚持下去，我们"应不管敌人企图如何，仍坚持依照程序首先解决以三八线为双方军事分界的问题"，"如果僵持久了，敌人以原有阵地以北作为分界的提议公布出去，极大可能会引起世界多数舆论的惊异和责难"。①

敌人果然对舆论有所忌惮，不再提那个狂妄要求了。为了打破僵局，周恩来在8月中旬又三次致电谈判代表团：11日代毛泽东拟电告：为了继续掌握谈判主动权，划分军事分界线问题，你们可向对方作这样的表示，指出对方既已放弃原先荒谬而不合理的提议，而主张大体上就目前战线划分军事分界线并加以调整，则我方提议的三八线是对于目前战线的最好调整，也是大体上合于目前战线的双方

---

① 参见《周恩来年谱（1949—1976）》上卷，中央文献出版社1997年版，第164页。

局势的。因此，我方现在愿提议：将三八线定为双方军事分界线的基线，依此基线建立非军事区，双方可不必一律向后各撤10公里。"可依地形便利，联合国军在临津江三八线以南后撤少于十公里，在临津江西三八线以南仍各撤十公里；朝中部队在临津江西三八线以北后撤亦可少于十公里，而临津江东三八线以北则仍后撤十公里。如此，可更适合于目前战线的调整。"13日，再代拟电指出：敌人原来的提案只是为了换取我在三八线的主张上让步。至于敌人的真正盘子，就地停战加上不大的调整固然是他所求，但如果依地形及军事形势划一条线在三八线南北附近，即临津江以东划在三八线以北，临津江以西划在三八线以南，南北地区大致相等，而名字就叫军事分界线，敌人大概也就有可能准备接受。"不过敌人不会自己提出，总想引我方提出对三八线的修正案，以利其讨价还价。"因此，"关于目前谈判的策略，你们应该将谈判的重点放在针锋相对地反对敌人的原有方案上头，而少提自己的主张，逼使敌人不能不答复你们的问题。不论敌人是承认放弃或修改其原来的方案，或是更提出就现有战线划分界线的主张，到那时，你们就可以提出八月十一日七时电告的方案。很可能，敌人仍不会接受，但我们在争论中就应该将三八线与现有战线联系起来，并将军事分界线与非军事区也联系起来，以便为下一个原先商定的折中方案做伏笔文章"。①

对于调整的军事分界线新方案,周恩来似言犹未尽。就在谈判中我方采取的步骤一事,他又于8月17日致电谈判代表团说:除非敌人决心破裂,否则,他只能在三八线和就地停战两个问题上得到一个让步。因此,我们设想,如果在三八线南北附近依地形及军事形势划一条线,即临津江以东划在三八线以北,临津江以西划在三八线以南,南北地区大致相等,而名字就叫军事分界线,不要提三八线;非军事地区也以这条线为基线,临津江以东敌人从现阵地退到这条线上不再后退,我方停在现阵地上不后退也不前进,临津江以西我方从现阵地退到这条线上不再后退,敌人在现阵地上不后退也不前进。如此,从政治意义上说,这条线当然不是三八线,但仍然在三八线南北附近,而且双方保持的南北地区又大致相等,亦不束缚将来朝鲜问题的政治解决;从军事意义上说,敌人可以退守他所预定的堪萨斯防线附近,而我们在临津江以东仍守住现阵地不动,在临津江以西无须后退至三八线,双方退出地区均成为非军事区,于是军事分界线与非军事区也就结合在一起了。"这样一个方案,敌人很难基本反对"。如你们同意上述方案,则我方在谈判过程中拟令"其分三个步骤求得与敌人

---

① 参见《周恩来年谱(1949—1976)》上卷,中央文献出版社1997年版,第169—170页;《毛泽东年谱(1949—1976)》第一卷,中央文献出版社2013年版,第386—387页。

达成协议"。①

应当说，周恩来的这个补充电报，使谈判代表团对新方案的意义和作用的认识更为全面和深入了。但是敌人非常顽固，拒绝接受这一新方案，并蛮横地以武力相威胁：那就让炸弹、大炮和机关枪去辩论吧！这样，耗时三个星期的谈判，就此中断。

第三阶段：粉碎敌之夏秋攻势，终于达成划分军事分界线协议。

从1951年8月18日始，双方在谈判桌上的博弈第一次转变为战场上的搏杀。

以美国为首的"联合国军"既在正面战场发动夏季攻势和秋季攻势，又对中朝军队后方实施所谓"空中封锁交通线战役"的"绞杀战"。对此，我方早作了军事上的准备。8月23日，周恩来代毛泽东电告谈判代表团指出：让会议停开一个时期，以压下敌人的气焰。在军事上应加紧准备，尽可能作战术的反击，收复些地方，推前接触线。在谈判上如果得不到我们认为满意的答复，就拖他一个时期，但不由我方宣布破裂。② 周恩来在随后为毛泽东代拟的致斯大林电中，对谈判形势和我方的方针对策作了进一步

---

① 参见《周恩来年谱（1949—1976）》上卷，中央文献出版社1997年版，第172页。

② 参见《毛泽东年谱（1949—1976）》第一卷，中央文献出版社2013年版，第389页、第390页。

说明。该电指出：敌人在对谈判的拖延中"有两个发展可能。一个是拖向破裂。我们已在加紧准备迎接敌人可能的正面军事进攻，同时也严防敌人从北朝鲜东西海岸的港口登陆"，"另一个可能是，敌人在拖延中寻找转弯的办法，并在军事分界线问题上求得妥协。目前，我们准备在停会期间与敌人进行宣传战，以揭露敌人无耻下流的挑衅罪行"，待"敌人有愿意重开谈判的表示，我们拟主动提出一个转弯办法，促其接受"。两天后，斯大林回复，同意来电对情况的估计和采取的方针。[①]

自停战谈判以来，美国当局实际上是交替使用谈和打两手。中朝方面是以其人之道还治其人之身，谈打兼备。中朝军队先是用一个月时间粉碎"联合国军"的夏季攻势，歼敌7.8万余人。敌人不甘心失败，又于9月底发动秋季攻势，并采取了"逐段进攻，逐步推进"的所谓新战术，向我阵地猛烈进攻，企图夺取位于三八线以南被中朝军队占领的开城地区。此时，志愿军前方阵地已开始挖掘坑道式掩蔽体，不怕敌军用大批飞机、坦克掩护多梯队的轮番攻击。我志愿军依托坑道式掩蔽体，与敌军进行激烈战斗。至10月底，我军挫败了敌人的秋季攻势。经过两个多月搏杀，敌军向前推进了646平方公里，却损失了15.7万余

[①] 参见《周恩来年谱（1949—1976）》上卷，中央文献出版社1997年版，第176页；《毛泽东年谱（1949—1976）》第1卷，中央文献出版社2013年版，第391页。

人。双方兵戎相见，敌人并没有得到想在谈判桌上得到的东西。

敌人是不撞到南墙不回头的。在1951年10月25日，自8月23日以来中断了63天的谈判又复会了。复会后，周恩来多次代拟毛泽东电指导谈判代表团。先是10月24日电指出：关于停战线问题，我方在复会后可主动提出，双方可将原提议的分界线保留不谈，而各提一个可以接近并准备对方考虑的新的分界线。如对方同意，便可提出仿照现有战线加以调整的方案。"照此方案与对方争论的结果，有可能达到在就地停战加以调整的现实基础上划定军事分界线的目的。"① 美方代表在谈判时的狂傲态度虽有收敛，但所提新方案大大超越了现有实际接触线，要将整个开城划入美方控制区，中朝军队将退出约1500平方公里地区，美方将前进约600平方公里地区。我方当然不能接受这个分界线方案，对其给予严厉驳斥。此后，周恩来接连数天电告谈判代表团：我方此前提出的新方案，双方各退出相等的地区使东西两线都得到调整，这是最为合理的办法。要揭露对方反对就地停战、划分军事分界线，而仍企图深入我方战线后方的阴谋，逼使对方在我们的方案上达成协议。如果对方坚持以高城、金城以南的突出部分来交

---

① 《周恩来年谱（1949—1976）》上卷，中央文献出版社1997年版，第190页。

换开城区域，我方宁可采用就地停战、各退 2 公里划分南北界线的单纯就地停战方案，逼使敌人接受，不要纠缠在交换区域的争论中。

为了打掉美方对开城的幻想，中朝部队配合谈判斗争，在此期间，加强了保卫开城的武装力量，并进行了从鸭绿江口至清川江口和大同江口沿海 20 多个岛屿的攻岛作战。这一部署和作战，使美方失去了在谈判桌上继续要价的奢望。11 月 17 日，美方代表慑于中朝军队保卫开城和攻岛作战胜利，以及国内外舆论的压力，开始提出与我方接近的方案。这是谈与打相结合的胜利。周恩来代拟毛泽东致斯大林电通报谈判情况说："敌人已从将军事分界线深入到我方战线以内的要求上，退到在签订停战协议时的双方实际接触线上建立军事分界线。我们则主张就地停战，在现时双方接触线上建立军事分界线，到各项议程达成协议时，双方接触如有变化，可作相应的修正。"对于停战谈判，"和固有利，拖也不怕，而打下去一定能打出一个结果来"。①

经过长达四个月的谈与打，双方关于军事分界线的方案由最初的相距"十万八千里"，走向最终趋于接近。1951 年 11 月 23 日，朝鲜停战谈判小组委员会双方代表对于第

---

① 参见《毛泽东年谱（1949—1976）》第一卷，中央文献出版社 2013 年版，第 417 页、第 418 页；《周恩来年谱（1949—1976）》上卷，中央文献出版社 1997 年版，第 195 页。

二项议程"作为在朝鲜停止敌对行为的基本条件,确定双方军事分界线,以建立非军事地区",正式达成协议。11月27日,此协议经过双方代表团会议通过。至此,双方在实质性问题上达成了第一个协议。

(三)关于对代表团把握谈判方法论的指导。

谈判尽管是"口水战",但却是门大学问。它是双方智慧、胆识、谋略的比拼。既要讲道理,还要讲方法;既要有点子,还要有技巧;既要以理制人,还要有理有节。也可以说,谈判就是斗智、斗勇、斗谋的大学问。对于共产党人来说,提高到哲学上讲,就有一个谈判的方法论问题。毛泽东、周恩来都是谈判大师,运用谈判方法论炉火纯青。他们对谈判代表团的指导将谈判的方法论提升到新境界,是谈判学的精彩案例。

1. 初谈必捷,强势亮相。同战场打仗要求"初战必胜"一样,毛泽东、周恩来指导的这场异常艰难的政治谈判也要求初谈必捷。有一个好的开端,对自己一方可以起鼓舞士气、增强自信、占据优势的作用;对敌方是灭威风、增沮丧、添晦气。这次最初关于议程问题的谈判,就经历了三个回合。

第一个回合是关于记者进入会议区域和会议附近划出中立区问题的讨论。1951年7月10日,双方举行首次谈判。"联合国军"代表没提出谈判议程内容,我方代表讲了整个谈判议程安排,首先就提出一切外国军队应撤出朝鲜,这是朝鲜半岛实现和平的前提条件。但就是这个问题，对方坚决不同意将"撤兵"列入议程。第二天谈判，对方事先未通报我方，擅自带着20名记者到谈判所在地开城采访，违反协议，遭我方拒绝。他们声称这是他们的自由，否则要中断谈判。于是他们两天不到会，但感到理亏失面子，于是又提出在开城区域划出中立区的提议。毛泽东知悉情况后，认为这是对方在找台阶下，在给谈判代表团指示的同时，重新起草了以金日成、彭德怀名义给李奇微的复信。复信表示：我们同意李奇微所提的将开城地区划为会议进行期间的中立区，在此区域内双方停止任何敌对活动，确保双方代表团通往会址区域的安全的建议。复信说：此次的新闻记者问题是个小问题，值不得为这个问题引起停会；我们也同意以贵方新闻记者代表20人作为你的代表团工作人员一部分的建议。① 这样，第二天复会继续谈判了。在这个回合，我方很自如地以高姿态掌握了谈判主动权。

第二个回合是关于"撤兵"与"停战"问题的辩论。由于对方拒绝将"撤兵"列入议程，周恩来为毛泽东起草的致谈判代表团电指出：这几天来，我方在新闻记者等问题上都作了让步。对方可能误认为，只要他们拒绝讨论一

---

① 参见《毛泽东年谱（1949—1976）》第一卷，中央文献出版社2013年版，第375页。

切外国军队撤出朝鲜问题,我们仍会继续让步。现在,"你们即应采取坚持的方针和态度,尤其对一切外国军队撤出朝鲜问题应再三说明这是保证在朝鲜不再发生敌对行为的必要条件",而不要顾虑对方拒绝讨论,使敌人意识到我们是坚持这项条件的。"如果敌人不表示这种让步,我们仍应坚持。我们不提议休会,不表示破裂,但也不怕他们破裂"。① 根据这个指示精神,在撤兵问题上经过几天激烈辩论,美方代表理屈词穷,语言粗鲁。李克农报告辩论情况说:我方代表就撤军一事,向对方连续发问进攻,使对方对我方代表所问"为何不同意撤军及停战后将军队留驻朝鲜的目的何在二问题,局促无辞,窘态毕露","对方至无法答复时,以抽烟遮掩,并频频搔首,作无可奈何状。会中我名正言顺,理直气壮,对方完全陷于被动"。② 这样,第二回合的交锋,对方自然处于劣势。

第三个回合是关于撤军问题的通融方案和整个和谈议程的确定。第二个回合的辩论,我方的立场赢得国际舆论好评。谁讲理谁不讲理,一清二楚。美国当局也怕舆论谴责,指令其谈判代表在撤兵问题上可以松口。为了使谈判取得进展,有如前述,毛泽东、周恩来提出新

---

① 参见《周恩来年谱(1949—1976)》上卷,中央文献出版社1997年版,第160页。
② 参见《毛泽东传(1949—1976)》上卷,中央文献出版社2003年版,第166页。

的方案，电告代表团：我们已经很好地通过撤兵问题揭露了美方是不愿意促进和平的。现在可以确定"此次停战谈判，仍应以争取从三八线上撤兵停战为中心，来实现和平解决朝鲜问题的第一步，至于从朝鲜撤退外国军队问题，可以同意留待停战后的另一个会议去解决而不将其列入此次会议的议程之内"。在下次会议上可提出增加"其他有关停战的问题"这一议程，以便各项议程达成协议后，"向双方有关各国政府建议，在停战协定实施后一定期限内召开双方高一级的代表会议，协商从朝鲜分期撤退一切外国军队的问题"。[①] 1951年7月25日，我方首席代表宣布：为尽快达成协议，早日实现和平，同意将撤军问题留待停战后的另一个会议去解决，但要在谈判议程中列入"向双方有关各国政府建议事项"。[②] 这个建议使对方再也找不到任何理由拒绝，从而为确定整个停战谈判的议程奠定了基础。

1951年7月26日，双方代表通过了整个谈判要讨论的问题：（1）通过议程；（2）确定双方军事分界线，以建立非军事区；（3）在朝鲜境内实现停火与休战的具体安排；（4）关于战俘的安排问题；（5）向双方有关各国政府建议事项。这样，经过16天交锋，终于解决了整个谈判的议程

---

① 参见《周恩来军事文选》第4卷，人民出版社1997年版，第204页、第205页。
② 参见《人民日报》1951年7月27日。

问题。这五项议程基本上符合我方的预定设想。① 因此,首次谈判告捷。

2. 以打促谈,"文""武"并用。前面已说,政治谈判是"文仗",军事斗争是"武仗"。以打促谈,"文""武"并用,乃两年谈判取胜之道。早在 1951 年 6 月初,毛泽东听取第二十兵团司令员杨成武汇报入朝作战准备情况时就说:"如今,美国开始有了一点谈判的意向,这是件不容易的事,说明我们的仗打得不错。美国当局已经意识到光靠军事斗争是解决不了问题的。其实,我们并不想打仗。我们希望有一个和平的环境来建设自己的国家,既然敌人肯坐下来同我们谈判,我们当然同意,不过敌人也很有可能利用谈判搞点什么名堂。"② 这里,毛泽东强调了两点:第一,停战谈判是我志愿军打出来的局面。经过多番较量,美国当局想用武力占领北朝鲜的野心未能实现。这使他们不得不面对现实,开始有了谈判意向。第二,停战谈判不可能一帆风顺,"敌人也很有可能利用谈判搞点什么名堂"。

---

① 早在 1951 年 7 月初谈判开始之前,毛泽东就准备了《朝鲜停战的协定》初步方案,并将主要内容征求了斯大林和金日成的意见。这个协定包括何时实现停火、以三八线为基准建立非军事区、设立中立国监督委员会、双方停止从朝鲜半岛境外向境内运输军队和军火等物资、双方释放俘虏、一切在朝鲜作战的外国军队限时分批从南北朝鲜撤退完毕等条款。7 月 4 日,毛泽东将该协定发给了谈判代表团。7 月 10 日,我方首席代表关于议程的发言就是以此为根据提出的。

② 参见《毛泽东年谱(1949—1976)》第一卷,中央文献出版社 2013 年版,第 356 页。

这是由敌人的本性决定的。古今中外历史经验表明，敌人在战场上得不到的东西，总想通过谈判来获得。这样，谈判会有曲折。毛泽东向杨成武介绍朝鲜战场形势说："当前，美国一面表示要进行停战谈判，一面又宣称要继续抗击和惩罚中国人民志愿军和朝鲜人民军。自五月二十一日开始，'联合国军'又向北压迫、推进、合围，妄图陷中朝军队于困境。"因此，他指出：敌人是不会轻易认输的，我们"争取和谈，以打促谈"，"还得准备打它几仗"，"准备持久作战，准备打阵地战，同时争取和谈，以达到这场战争的结束"。[①]

两年谈判证明了毛泽东的预言。前面介绍了关于军事分界线的谈与打的情况。这里再讲讲更为精彩的怎样通过上甘岭战役促成关于遣返战俘达成协议的艰难斗争。遣返战俘问题的谈判是比军事分界线问题谈判更难啃的硬骨头。那次谈判耗费4个月达成协议，这次谈判经历了一年半之久。除了休会拖延之外，还有"绞杀战"（对我军后方实施"空中封锁交通线战役"）和细菌战（对朝鲜战场的前方、后方，还有中国东北和沿海地区）。这些都没有能使中朝两国两军屈服，于是美方又先后与我方进行了五次"武仗"的较量。

---

① 参见《毛泽东年谱（1949—1976）》第一卷，中央文献出版社2013年版，第356页、第357页。

战俘问题的谈判从 1951 年 12 月中旬就开始了。这项议程讨论的核心内容主要是两个，一个是遣返原则，一个是遣返数量。我方根据《关于战俘待遇之日内瓦公约》规定的全部遣返原则，主张有多少遣多少；美方则公然践踏日内瓦公约，蛮横地坚持"一对一"原则，声称要"对等遣返""自愿遣返"；并且不顾国际舆论谴责和中朝两国坚决反对，从 1952 年 4 月上旬开始对朝中被俘人员进行所谓"甄别"，即使用威胁利诱甚至动刑等各种手段，逼迫战俘表示不愿遣返。这样，战俘遣返问题僵持无进展。此前，周恩来为毛泽东起草的致斯大林电就指出：关于遣俘问题，我们反对"一对一"的原则，而主张有多少遣多少的原则。在谈判中"和固有利，拖也不怕，而打下去一定能打出一个结果来"。[①]

继 1952 年 2 月发生迫害战俘的巨济岛事件[②]后，5 月又在该岛爆发了将战俘代表作为"战犯"审讯，对战俘营

[①] 参见《周恩来年谱（1949—1976）》上卷，中央文献出版社 1997 年版，第 195 页。

[②] 1952 年 2 月 18 日，在南朝鲜巨济岛上美国第 62 号俘房营中，美方管理人员把中方被俘人员 5000 余人包围起来，强迫"甄别"，遭到中方被俘人员拒绝。双方发生冲突，美军开枪射击，中方被俘人员死亡 75 人，受伤 139 人。美军死 1 人，伤 20 余人。

实行血腥镇压事件①。新任"联合国军"总司令克拉克同他的两位前任一样骄横狂妄，对谈判没有丝毫兴趣，同样认为，谈判桌上解决不了的应通过战场来解决。

从1952年6月开始，美军对朝鲜的水电设施、铁路交通和平壤市区以及数十个城镇进行狂轰滥炸，再次制造屠杀无辜居民、毁灭和平城市的战争罪行。6月底，美方对朝中战俘的强行"甄别"全部结束。7月中旬，美方报告"甄别"情况说：要求遣返的战俘是8.3万人，朝鲜人民军战俘有7.66万人，约占应遣返人民军战俘的80%；中国人民志愿军战俘6400人，约占应遣返志愿军战俘的32%。这个遣返方案，一是故意少放中方被俘人员，二是窝藏着离间朝中两国对待战俘态度的祸心，遭到我方代表的坚决拒

---

① 1952年5月7日，巨济岛上美军76号战俘营中，不堪遭受残酷虐待和凌辱的朝中战俘，举行示威游行，抗议美军对战俘实施酷刑和屠杀的所谓"自愿遣返"，要求美军战俘营长官杜德准将前来谈判。杜德对违反日内瓦公约的种种罪行百般狡辩，拒不答复战俘们的正当要求。战俘们为了维护自身生命权利，将杜德抓入了战俘营，成为"战俘的战俘"。巨济岛上17个战俘营的10余万战俘的40多名代表在战俘营代表大会上控诉了美方虐杀战俘，秘密利用战俘做细菌战、化学战、核子战试验品的罪行，向美方提出立即停止实行非法的"自愿遣返"等四项要求。美方新任战俘营负责人柯尔生准将复信战俘营"有过流血事件发生，结果有许多战俘被联合国军队打死或击伤。我可以向你们提出保证，将来这个俘虏营里的战俘可以希望得到符合国际法原则的人道待遇，我愿尽自己的一切力量使暴力行动和流血事件不再发生"。柯尔生还答应"我们不再对这个战俘营里的战俘进行强迫甄别，或任何重新武装的行动"。有了柯尔生的"保证"，5月10日杜德被释放。但是，美国政府当局哪有什么诚信可言！"联合国军"新任总司令克拉克履职，立即撕毁"杜德事件"达成的协议，将战俘代表作为"战犯"审讯，对战俘营实行血腥镇压。

绝和驳斥。周恩来分析美方的态度指出:"美帝国主义总想拖延朝鲜战争,并且企图在最后占上风来结束这场战争。也就是说,美国要在对它有利的时候、有利的条件下来停战。同时,因为它在整个朝鲜战争中是失败了,于是就企图在停战的条件下来挽回它的失败。结果它选择了一个所谓自愿遣返俘虏的问题,也可以说它选择了一个最不讲理的条件。因为在国际条约上,在国际惯例上,以及在停战条款上,都规定了战俘应该全部遣返。所以,它在条约上是找不到根据的。另外,在人情道理上讲,在停战之后,全部战俘也都是应该遣返回家的,根本没有扣留的道理。俘虏是失掉自由的人,俘虏是在敌人武力控制之下的人,他们没有可能来表示自己的意志,也决不会拒绝回家。假如有人这样表示的话,那也是胁迫的,那也是伪造的。"[①]

美方的蛮横立场没有任何松动,双方无法再讨论下去。1952年10月8日,美方代表公然单方面宣布谈判无限期休会,停战谈判再次中断。还在6月中旬,毛泽东致电代表团就指出:"对方可能一面在谈判中耍流氓,一面在军事上对我施加压力,以表示其强硬。我们应一面在谈判中坚定回击,猛攻敌人弱点,一面在军事上严阵以待,不使敌人得逞,以揭穿敌人外强中干的软弱性。"[②] 这样,双方又开

[①] 《周恩来军事文选》第四卷,人民出版社1997年版,第301—302页。
[②] 《毛泽东年谱(1949—1976)》第1卷,中央文献出版社2013年版,第565页。

始了"武仗"的较量。

第一次较量，是我方以其人之道还治其人之身。中朝军队主动出击，从1952年9月18日至10月底，陆续进行全线性战术反击作战，历时44天，歼敌2.7万余人。

第二次较量，是粉碎敌军"金化攻势"，进行著名的上甘岭战役。1952年10月14日，"联合国军"总司令克拉克在金化郡地区发动自1951年秋季以来的"金化攻势"。金化处于三八线中段，与上甘岭相距只有几公里，两地能够举目相望。上甘岭是我志愿军构筑中部防线的战略要地。美军发动"金化攻势"，就是企图突破中朝部队的这道中部防线，进入平康平原，再长驱直入进攻平壤。美国方面虽已失去战场上的主动权，但凭借地面装备优势和空中优势仍在做黄粱美梦。我志愿军的军事装备、供给保障和作战经验与入朝时相比，已有很大提高。上甘岭战役是坚守防御作战。美军对我军防守的这个不足4平方公里的阵地，动用一切现代化军事手段，投入总兵力4万余人，还有300多门火炮、近200辆坦克、3000余架次飞机，轮番进攻和狂轰滥炸，最多时一昼夜发射30万发炮弹、飞机投掷500多枚重磅炸弹，致使两个高地的高度几乎被削低两米。我志愿军也陆续投入4万余人，动用各种炮近500门，发射35万余发炮弹。外电评论，此战兵力、火力之密集，在世界战争史上罕见。经过43天艰苦卓绝的战斗，我军胜利击退敌军大小近700次冲击，歼敌2.5万余人，击落击伤敌机近 300 架。1953 年 6 月 16 日晚，毛泽东接见上甘岭战役主要指挥员秦基伟（时任中国人民志愿军第 15 军军长）说：你们在上甘岭打得好，上甘岭战役是个奇迹，它证明了中国人民志愿军的骨头比美国的钢铁还要硬。这奇迹是你们创造的。①

第三次较量，是我军反登陆的充分准备使敌人西海岸登陆的冒险计划完全破产。美国新任总统艾森豪威尔不甘心战场上的失败，也不甘心谈判桌上的僵持，谋划在朝鲜东西海岸两栖登陆。1952 年 12 月上旬，毛泽东、周恩来等接见邓华指出："闻鼙鼓而思将帅。艾森豪威尔上台，看来会有新的动作。"志愿军应以肯定敌人从西海岸登陆这一判断出发，来确定行动方针。"决不允许敌人在西海岸，尤其是在汉川至鸭绿江一线登陆。"随后，周恩来为毛泽东起草致斯大林电说：艾森豪威尔正在为其上台后的朝鲜军事行动作准备，"对我威胁最大的是西海岸的战略性登陆，因为我主要运输线是经过这个地区的"，"我如能坚守北朝鲜东西海岸，使敌人的登陆计划失败，并以正面束缚的战术出击作配合，给敌人以更多更大的杀伤。那么，朝鲜战局就能更加稳定，而向着更加有利于我们的方向发展。"② 斯

---

① 参见《毛泽东年谱（1949—1976）》第二卷，中央文献出版社 2013 年版，第 113 页。

② 参见《周恩来年谱（1949—1976）》上卷，中央文献出版社 1997 年版，第 195 页。

大林回电完全赞同中共中央的部署。在毛泽东和中央军委的部署下，一场空前规模的反登陆作战的准备工作在各方面、各系统、各条战线上加紧进行。从朝鲜战场三八线以北的正面防御阵地到可能登陆的东西海岸，在中国东北境内直到华东沿海地区，都构筑了大纵深的严密防御体系。最后，美军通过空中侦察和特务刺探，了解到中朝军队正在作抗击侧后登陆的各种准备，再加上要将战争扩大到中国的行径又一次遭到盟国伙伴的反对，忙碌了几个月的军事冒险行动只能偃旗息鼓了。1953年3月中旬，毛泽东说：我们有了准备，敌人就不敢来了，即使来了，我们也不怕。艾森豪威尔现在是骑虎难下，要打力不从心，要和于心不甘。所以，我们现在是一动不如一静，让现状拖下去，拖到美国愿意妥协并由它采取行动为止。[①]

第四次较量，美方主动要求复会谈判后节外生枝，我军提前发起夏季反击作战。"金化攻势"的失败，西海岸登陆计划的破产，美方只好又回到谈判桌上来寻求摆脱困境的出路。1953年2月下旬，"联合国军"司令官克拉克致函朝鲜人民军最高司令官金日成和中国人民志愿军司令员彭德怀，提议在停战前先交换伤病战俘，以恢复中断了近5个月的谈判。在了解到国际舆论反映后，在中国方面，

[①] 参见《毛泽东年谱（1949—1976）》第二卷，中央文献出版社2013年版，第61页。

由周恩来于 3 月底代表中国政府发表《关于朝鲜停战谈判问题的声明》，指出：中朝两国政府一致认为根据 1949 年日内瓦公约第 109 条的规定，这一问题完全可以得到合理的解决。关于交换病伤战俘问题的合理解决，对于顺利解决全部战俘问题显然具有极重大的意义。我们两国政府准备采取步骤来消除在这个问题上的分歧，以促成朝鲜停战。为此，我们提议，"谈判双方应保证在停战后立即遣返其所收容的一切坚持遣返的战俘，而将其余的战俘转交中立国，以保证对他们的遣返问题的公正解决"。[①] 周恩来这个声明得到了包括参加"联合国军"的英、法等国在内的许多国家的支持。这也使得美国政府不得不同意以朝中方面的建议为基础恢复谈判。由于对美国当局一贯所为的深刻认识，在复会前毛泽东就告诫志愿军领导同志：军队方面只管打不管谈，不要松劲，一切仍按原计划进行。果然，美国人认输不甘心，又节外生枝制造麻烦。我志愿军和朝鲜人民军提前发起夏季反击作战。在前两个星期以打美军为主，在后 11 天则以打李承晚伪军为主，歼敌 4.1 万余人。这样，李承晚才同意恢复谈判。1953 年 6 月 8 日，拖延一年半之久的战俘问题，经过双方让步终于达成协议。它基本实现了朝中方面关于遣返战俘的愿望。这是中朝两国同美

---

① 参见《周恩来年谱（1949—1976）》上卷，中央文献出版社 1997 年版，第 195 页、第 292 页。

国在战场上和谈判桌上轮番较量的结果。

第五次较量,惩罚美方纵容李承晚破坏战俘协议,中朝军队发起金城战役。战俘问题达成协议后10天,李承晚和美军合演了一出"双簧"。从6月17日深夜到月底,他们以所谓"就地释放"为名,强行将朝鲜人民军战俘2.7万余人(其中有志愿军被俘人员50名)劫往南朝鲜军队训练中心编入军队,公然破坏协议。毛泽东召集周恩来等领导人决定,鉴于李承晚破坏战俘协议,决定在朝鲜停战前再给予南朝鲜军队以军事打击。7月13日,中朝军队发起金城战役,以1100多门火炮向金城以南李承晚伪军阵地发起猛烈轰击。这次轰击所集中火炮数量之多、火力之强,在志愿军入朝作战以来也是罕见的。金城战役进行了两个星期,是抗美援朝战争的最后一战,歼灭敌军5.3万余人,收复阵地160余平方公里[①],敌人"偷鸡不成反蚀把米"。这次战役的胜利,使得以美国为首的"联合国军"作出不再破坏停战的保证,"联合国军"总司令克拉克终于在朝鲜停战协议上签字,承认是美国历史上签订没有胜利的停战条约的第一位美国陆军司令官。

3. 有利有节,以让求进。上面讲的都是对"有理"的把握。谈判方法论,除了"有理",还要讲究"有利有节,

[①] 参见军事科学院军事历史研究所:《抗美援朝战争史》中卷,军事科学出版社2014年版,第464页。

以让求进",看似让步,实际上是退一步进两步。这是毛泽东在抗日战争中同国民党顽固派斗争中总结出来的方法,也是谈判应掌握的方法论,只进不让,不行;一定要有进有退,让步是为了进步。这是谈判的辩证方法论。毛泽东、周恩来将此运用得娴熟自如,这也是谈判取胜的一个妙招。这里以他们怎样指导前方谈判代表团关于第三项议程的谈判为例来作分析。

在1951年11月27日的当天会议上关于第二项议程军事分界线问题达成协议后即转入第三项议程——关于实现停战与休战的具体安排,包括监察停战休战条款实施机构的组成、权力与职司问题的讨论。这项议程内容较多,涉及面广,大会小会交叉进行。对这项议程的讨论大致分为三个阶段。

在第一阶段美方代表提出所谓的"自由视察"(实际是干涉朝鲜内政)问题,双方就此展开了舌战。会前,周恩来为毛泽东起草致谈判代表团电对这项议程如何谈判提出了五项原则意见:(1)双方陆海空军自停战协定签字之日起,停止一切敌对行动;(2)双方武装部队,应于停战协定签字后三天内自非军事地区撤出;(3)双方陆军、海军部队,应于停战协定签字后五天内以军事分界线为界自对方的后方和沿海岛屿及领海内撤走,如过期不撤,又无任何延期撤走的理由,则对方有权予以处理;(4)在非军事地区内,双方均不得驻扎武装部队,亦不得对该地区进行任何武装行动；（5）双方各派同等人员组成停战委员会，共同负责根据停战协定进行具体安排和监督。① 关于第三项议程，电报指出，不管我方提得如何周密，对方都会提出许多不同的或修正意见，因此，我方应先提出原则建议，待对方提出自己的意见后，再提对策较为有利。②

谈判讨论时，我方代表根据上述五项意见提出了原则建议。美方代表虽没表示反对意见，却提出了设立监察机构和联合观察小组在朝鲜全境视察监督的要求。这个单方面地要对"朝鲜全境视察监督"，明显地在干涉朝鲜内政，无疑遭到我方代表坚决反对。在讨论中，美方还坚持在停战后用补充和轮换办法保持其军力，坚持限制朝鲜修复和新建机场，坚持在停战委员会下组成视察小组进行"自由视察"，并企图在停战后其海军仍赖在朝鲜海面和岛屿不走。对此，从1951年11月底至12月初，周恩来为毛泽东多次起草致谈判代表团电，指出：对美方的无理要求必须坚决驳斥。双方海军必须从对方沿海的岛屿和海面撤走。"至于限制双方军事设备，并进行自由视察，那是干涉对方内政，且涉及政治性的问题，这是超过军事停战的范围，

---

① 参见军事科学院军事历史研究所：《抗美援朝战争史》（第3版）下卷，军事科学出版社2014年版，第127页。
② 参见《周恩来年谱（1949—1976）》上卷，中央文献出版社1997年版，第197页；《毛泽东年谱（1949—1976）》第一卷，中央文献出版社2013年版，第423—424页。

我方绝对不能同意。"另电还指示，在下次会议上，你们在最初提出的议案上还可再提两条补充建议：一是"为保证军事停战的稳定，以利双方高一级的政治会议的进行，双方应保证不从朝鲜境外以任何借口进入军事力量、武器和弹药"。二是为监督严格实施，"双方同意邀请在朝鲜战争中的中立国家的代表成立监察机构，负责到非军事区以外的双方同意的后方口岸进行必要的视察，并向双方停战委员会提出关于视察结果的报告"。"如对方拒绝我方补充建议，仍要求双方作自由视察，应予坚决反对"。[①] 上述指示电，既驳斥了对方所谓"自由视察"实则干涉朝方内政的无理要求，同时又顺势提出中立国监察问题；要视察，只能是由中立国代表成立监察机构进行，不能由作战国进行。这一招出敌不意，使我方代表团在谈判中明显地居于有利地位。

由于美方代表完全没有料到我方提出中立国监察问题。为了得到华盛顿最高当局指示，他们提出第三项议程的讨论以小组会形式进行。这样第二阶段谈判从12月4日开始以小组会形式举行。美方代表在监督问题上提出增加"军事停战委员会有权对朝鲜全境进行空中侦察及摄影侦察"内容。周恩来连续3天代毛泽东起草4电指示谈判代表团：

---

① 参见《周恩来年谱（1949—1976）》上卷，中央文献出版社1997年版，第200页；《毛泽东年谱（1949—1976）》第1卷，中央文献出版社2013年版，第428页、第429页。

（1）美方建议是带有暗示让步和讨价还价性质的，同时也还夹杂着对中立国视察的戒心。为要达到敌人从沿海岛屿和海面撤走的目的，我们更应坚决反对敌人有关轮换和补充的要求。在这一点上，敌人的道理很弱。在谈判和宣传上，你们应抓住这一点。（2）应将限制军事设备、自由视察、从岛屿撤走、轮换和补充、中立国监督五个问题联系在一起来与敌人谈判。如在轮换和补充问题上对敌人作有限度让步，以交换敌人从我方的岛屿撤走并承认我方关于中立国监督机构视察双方同意的后方口岸的建议，则我方在视察双方空军口岸上可不再让步。（3）应明确指出限制双方设备和自由视察的要求是干涉内政，对方必须收回；我方沿海岛屿，对方必须撤走；双方后方口岸的视察，只能邀请中立国担任。①

在小组会上，美方代表仍然坚持对朝鲜限制机场和"自由视察"的无理要求，不能不遭到我方坚决痛斥。这样，谈判陷入僵局。对于拖，我方早有思想准备。1951年底，周恩来为毛泽东起草致谈判代表团电已指出："不要怕拖，要准备再拖一个较长的时期才能解决问题。只要我们

---

① 参见《毛泽东年谱（1949—1976）》第一卷，中央文献出版社2013年版，第432页、第433页、第434页；《周恩来年谱（1949—1976）》上卷，中央文献出版社1997年版，第201—202页。

不怕拖，不性急，敌人就无所施其伎了。"① 新年后，周恩来在 1952 年 1 月 7 日为毛泽东起草的致谈判代表团电，对美方采取拖延态度原因和目前的形势分析指出：敌人在战场上打不动了，国内外要求停战的压力不断增加。他们在谈判中的拖延政策及无理要求，甚至引起国内资产阶级的不满。因此，敌人对于谈判是较前性急。但由于其目前在联合国大会中处于不利形势，又希望在停战后继续保持世界紧张局势，以利其扩军备战获取军火利润等原因，也不想谈判迅速达成协议。因此，美国可能再拖一些时间。据此，"我们的对策，应该是：（一）我们不怕拖，因此应该驳斥敌人的无理要求，使敌人的敲诈勒索归于失败；（二）把不怕拖与适时提出对案相结合，取得政治主动，扭转拖延局面，争取和平解决朝鲜问题"。② 至 1952 年 1 月下旬，小组会谈判仍在关于朝鲜修建机场问题上陷于僵持。经双方协议，决定举行双方参谋人员会议对已达成的原则协议继续讨论有关细节问题。谈判在缓慢地向前进行，意味着有可能出现转机。谈判的高招就在于善于把握转机，采取灵活机动措施，适时让步，使谈判继续向有利于我方推进。

---

① 参见《周恩来年谱（1949—1976）》上卷，中央文献出版社 1997 年版，第 207 页；《毛泽东年谱（1949—1976）》第一卷，中央文献出版社 2013 年版，第 453 页。
② 《周恩来年谱（1949—1976）》上卷，中央文献出版社 1997 年版，第 210 页。

第三阶段是参谋人员会议、小组会和大会交错举行。从 1952 年 1 月 27 日起，双方参谋人员陆续举行会议，初步就一些具体问题达成协议。根据毛泽东、周恩来指示，我方对一些无关紧要问题作了让步，如关于武器装备的轮换，人员的轮换由原来提出的每月不超过 5000 人改为不超过 3.5 万人。让步是双方的。美方也作了让步，除继续控制军事分界线以北三八线以南至汉江口的 5 个岛屿外，军事分界线两侧海面延伸线以北其他一切岛屿全部由朝鲜民主主义人民共和国控制。谈判比较困难的是对于中立国提名，双方分歧较大。我方坚持提名苏联、波兰、捷克斯洛伐克三国为中立国，美方却坚决反对苏联为中立国。2 月 17 日和 24 日，毛泽东、周恩来接连数电代表团，指出：（1）根据停战协定草案条款对方自己所提关于中立国的定义的规定，对方绝无理由拒绝接受苏联为中立国。敌人拒绝我方提名苏联为中立国一举，必须予以严厉驳斥。应指责敌人没有任何理由可以反对我方提名苏联为中立国，苏联是在联合国中不仅一向反对干涉朝鲜战争而且主张和平解决朝鲜问题最力的国家。（2）对方不肯解释拒绝苏联为中立国的理由，你们即应猛力追逼，放松则易陷被动，对宣传不利。（3）双方已同意的中立国定义是："其战斗部队未曾参加在朝鲜的敌对行为的国家。"如敌方坚持反对苏联，我亦有权反对敌方所提的瑞士、瑞典、挪威三国，因双方必须一次同时同意对方全部提名。（4）我方在限制机场修建和中立国提名等问题上不能让步,如果对方坚持不转变的立场,我们宁可让它僵持下去。"世界舆论,不会在这样一个问题上同意美国破裂或长期拖延谈判的。"① 这样,参谋人员会议暂时休会。

1952年4月初,第三项议程小组会委员会复会,批准了参谋人员已达成的具体协议,继续就修建机场问题和中立国提名问题进行讨论。双方仍各自坚持原来看法,会议没有进展。4月下旬,美方代表提出召开行政大会,不对外发布新闻,双方就分歧问题自由发表意见。美方对谈判中未达成协议的第三、第四项议程中的问题提出了"一揽子"解决方案,即以朝中方面在战俘问题上接受"自愿遣返"主张和不提名苏联为中立国作条件,美方放弃对朝鲜修建机场的限制。这个方案,简单地说,美方是以放弃一个,要求我方放弃两个,即"1换2"方案。我方代表团针锋相对地提出的反制方案也是"1换2",即以一个中立国提名问题,换对方在机场和战俘两个问题上的让步的方案。毛泽东电告谈判代表团:同意你们所拟对案,以中立国问题换对方在机场问题和战俘问题上的让步。所谓中立国提名的让步,是由原来提出的每方各提三个中立国改为每方各提两个中立国,即对方所提的瑞典、瑞士和我方所提的

---

① 参见《毛泽东年谱(1949—1976)》第一卷,中央文献出版社2013年版,第496—498页;《周恩来年谱(1949—1976)》上卷,中央文献出版社1997年版,第220页。

波兰、捷克斯洛伐克。这个"3改2"的中立国提名是：我方放弃苏联作为中立国提名，对方不再提挪威作为中立国了。对于挪威作为中立国，我方原本是同意的，主要是我方提的苏联为中立国，美方坚持反对。为了使谈判不因这个提名问题而破裂，我方从大局出发，取得苏联同意后作了这样的让步。

1952年5月2日复会，我方代表提出上述妥协方案，美方代表接受了。他们明白，我方不提名苏联为中立国作为交换条件，这是很大的让步；而他们所提的遣返战俘问题和机场修建问题，自知理亏站不住，也不再坚持了。这样，第三项议程的谈判，基本以美方在限制机场问题上接受我方主张，我方在中立国提名问题上采纳美方意见初步得到解决。至此，这项耗时5个多月的谈判总算画上不算圆的句号。

4. 把握细节，技高一筹。谈判不仅要有宏观思维，还要有微观思维。只有两观并重，谈判才能立于不败之地。把握细节，属于微观思维。把握好了，对细节问题考虑严谨周密，无懈可击，就能技高一筹，处处主动，赢得漂亮。毛泽东既雄才大略、高瞻远瞩，又脚踏实地、思维缜密。周恩来就是"周"字到家——思想周密，计划周全，处事周到，善于周旋，令人深为佩服。对于停战谈判的指导，在这方面也展现得非常充分。这里，以谈判之初、之中、之终三个时间段来作怎样把握细节的评析。

（1）谈判之初。关于军事分界线问题的谈判伊始，在1951年8月4日开会过程中，我方警卫部队一度误入谈判会址地区。美方代表以此事为借口，不到谈判所在地开城会谈。次日，周恩来为毛泽东起草致谈判代表团电指出：为揭露敌人，你们应告新华社开城记者写一报道，将上次复会后在7月16日开会期间，美军曾向板门店中立地区射击，我们仅提口头抗议，并未纠缠此事。此次美方仅因为我方武警部队误入谈判会址地区，就这样小题大做。让他们将两者对照相比，就证明哪方具有和平解决朝鲜问题的诚意，哪方是在玩弄拖延谈判的手腕，以揭露敌人的这一伎俩，是在掩盖其关于军事分界线的荒谬要求。8日的毛泽东、周恩来电还指出：敌人懂得我们不会在这类枝节问题上与之破裂，故乃一再使用流氓挑衅手段，向我进逼。在这类事件上我们与之破裂是不必要的，但如表示软弱，不给予严正回驳，不立即抗议，那正中敌人的恫吓诡计。"你们对昨日板门店事件，未立即提出抗议，颇失时机，且亦示弱。望你们根据已经取得的证据，先经过联络官向对方抗议，看对方如何反应。同时，望指示记者速即报道此事。"[1] 因为是谈判之初，前方谈判代表团在如何掌握谈判

---

[1] 《毛泽东年谱（1949—1976）》第一卷，中央文献出版社2013年版，第386页；《周恩来年谱（1949—1976）》上卷，中央文献出版社1997年版，第168页。

火候问题上还有一个过程,有担心太强硬了会使谈判破裂的顾虑,故"未立即提出抗议"。但经毛泽东、周恩来这一点拨,代表团开窍了,不仅在谈判桌上加强了对这类细节问题的敏锐性,而且加强了新闻宣传斗争,加强了揭露敌人荒谬要求的快速性。

(2)谈判之中。在谈判转入讨论军事分界线时,1951年8月20日,毛泽东、周恩来凭着最初开始谈判时美方无端肇事的表现,就电告代表团:我方代表团住地应立即移到会场区外之中立区,并靠近中立区以外之我方部队,实行根据协议的武装警戒,以防敌袭扰和意外。果然在两天后(22日夜),美国飞机以我方代表团住所为目标进行轰炸和扫射。接连几天,周恩来为毛泽东多次起草致或复代表团电,指出:目前需要与敌人进行几次有力的文字的宣传斗争,以观其变化。代表团的任务是谈判兼打文仗。敌人如决心破裂,我们也要从各方面做足文章,使破裂的责任落在敌人身上。敌人如仍然是拖,我们应从拖中做主动的文章。你们应既不消极也不急躁地沉着应变,主动作战。同时,另电指出:致李奇微抗议书,你们可于明(24日)晨正式送出。这样做,让会议停开一个时期,以压下敌人的气焰。在军事上应加紧准备,迎接敌人的可能进攻,在谈判上如果得不到我们认为满意的答复,就拖他一个时期,但不由我方宣布破裂。在休会时,不应断绝"双方联络官的来往，我们仍应保持这个联络"。①

1951年8月底，敌人还继续挑衅。毛泽东、周恩来电告谈判代表团指出：敌人仍在空中和地面继续挑衅，其企图显然是示威和试探，我们除随时予以抗议和揭露外，更应在中立区内有计划地隐蔽地布置不带重武器的武装力量，准备消灭和捕捉仍将侵入中立区进行挑衅的对方武装人员。只有这样，才能打击敌人的挑衅和捉到活的人证，以证实其全部罪行。② 9月5日，我方已捕获8月19日、30日入侵开城中立区谋害我方军事人员的敌方两名军事人员。就此事，毛泽东、周恩来再电代表团指出：请你们速将两人供词中"有关八月十九、三十两日事件的材料，侦讯确实，准备早日发表。材料内容不必牵涉太广，而要集中于八月十九、三十两日的事件上"。③

此外，周恩来还为金日成、彭德怀起草对李奇微的复信，致电毛泽东说：因要驳斥此前李奇微给金、彭的回信和其他有关材料，这次金、彭的答复信"就写得长一点，

---

① 参见《毛泽东年谱（1949—1976）》第一卷，中央文献出版社2013年版，第389页、第390页；《周恩来年谱（1949—1976）》上卷，中央文献出版社1997年版，第175页、第176页。

② 参见《毛泽东年谱（1949—1976）》第一卷，中央文献出版社2013年版，第391页；《周恩来年谱（1949—1976）》上卷，中央文献出版社1997年版，第178页。

③ 参见《周恩来年谱（1949—1976）》上卷，中央文献出版社1997年版，第178页。

约二千字，但在目前宣传斗争上似有必要，同时也为引出对方的争论，并给他们出了两个难题：复查与发表①，不论他们接受与否，都于我们有利"。当天，毛泽东批示："复文很好，请于今日发表。"② 9 月 11 日，周恩来为毛泽东起草致代表团电，将致李奇微的复信概述道：你（指李奇微）9 月 6 日来信，仍然一味抵赖并拒绝处理自 8 月 22 日以来破坏开城区中立化协议的一连串挑衅事件。我们现在再一次要求你迅速结束你方这种无休止的破坏协议的行动，负责处理我方所抗议的各次挑衅事件，然后才能使谈判在正常平等的基础上继续进行。否则，你方应对拖延和阻挠谈判的进行及其后果，担负全部责任。③

由于在毛泽东、周恩来指导下，我方代表团进行了一系列的揭露和新闻宣传斗争，美方首席代表在 9 月 11 日正式承认了美军飞机扫射中立区事件。就此事，周恩来于 13 日代毛泽东拟电致谈判代表团说：（一）乔埃（美方首席代表）的表示，是敌人已在转弯。我方应掌握主动，提议或同意在开城复会。至于是否需要考虑将会场地址改在板门

---

① 指要求对方派人来开城复查对方飞机对我方代表团住所轰炸、扫射的现场，并要求对方允许其新闻通讯社也与我方同样发表双方就此事件的往来文电，使世界人民能够了解事件的真相。

② 参见《周恩来年谱（1949—1976）》上卷，中央文献出版社 1997 年版，第 177 页。

③ 参见《毛泽东年谱（1949—1976）》第一卷，中央文献出版社 2013 年版，第 396 页。

店，还应看情形发展再定，你们可将板门店本身及周围情况电告。（二）关于保证开城区中立化的各项具体条款，望你们立即加以研究，务使空中地面、区内区外规定严密，不给敌人以任何可乘之隙。（三）复会后，我们应准备在小组会上主动地提出，双方可将原提议之分界线保留不谈，而各提可以接近并准备对方考虑的新分界线。如对方同意，我们可要他们先提一个方案。（四）我们现在就应考虑李克农 8 月 22 日电所提的第三类方案的最后防线，即是说，在什么线上，我们再不能让了。这一点，请金首相考虑见告。[①]

为美军飞机扫射中立区事件，双方进行了整整两个月的交锋。事情不大，并非谈判议程本身内容，但它关系谈判前途。若不压下敌人的嚣张气焰，这种袭扰就会没完没了。因此，毛泽东、周恩来要求一定"要从各方面做足文章"。这次斗争，毛泽东、周恩来对代表团的指导将文章做足了，美方无法狡辩和抵赖，只能低头认错。这是两年谈判中少有的一幕。但是得理也得让人，同时还要继续注重"细节"问题。毛泽东、周恩来于 10 月 4 日电告代表团：对方企图再次转弯，急切地要我方提出一个在"双方平等地控制的地方"复会。对此，我方不宜再次拒绝更换地点，

[①] 参见《毛泽东年谱（1949—1976）》第一卷，中央文献出版社 2013 年版，第 397—398 页；《周恩来年谱（1949—1976）》上卷，中央文献出版社 1997 年版，第 179—180 页。

而应主动地提出在板门店恢复双方代表团的会议，在板门店复会的各种物质（资）设备和警戒工作，请你们预先筹划。7日，据此内容，周恩来又起草以金日成、彭德怀名义复李奇微电指出：我们建议双方代表团应立即在板门店复会，并在复会后第一次会议上规定关于扩大中立区范围及保障会场地址安全的原则。8日，李奇微回电同意会址设在板门店，并建议双方联络官于10月10日会晤。①

这样，中断两个多月的谈判重又复会。

（3）谈判之终。有如前述，1953年6月8日，拖延一年半之久的战俘问题，经过双方让步已达成协议。但是10天后，李承晚同美军合演一出"双簧"，以所谓"就地释放"为名，强行将朝鲜人民军战俘2.7万余人（其中有志愿军被俘人员50名）劫往南朝鲜军队训练中心编入军队，公然破坏协议。毛泽东召集周恩来等领导人，考虑到李承晚破坏战俘协议而作出两个重要决定：一是在朝鲜停战前再给予南朝鲜军队以军事打击，这就是前述的金城战役；二是推迟停战签字，改变签字仪式安排，降低签字规格。毛泽东于7月18日致电金日成指出：由于南朝鲜的破坏行为，我们考虑双方司令官，您及彭德怀同志与克拉克三人均不出席签字仪式，而改由双方司令官预先将字签好，再

---

① 参见《毛泽东年谱（1949—1976）》第一卷，中央文献出版社2013年版，第402页；《周恩来年谱（1949—1976）》上卷，中央文献出版社1997年版，第183页。

拿到板门店去由双方谈判代表签署。金日成复电同意后，即电告代表团：我们应主动向敌方提出，由于李承晚政府破坏了关于战俘问题的协议，至今尚反对停战，并声言他们有行动自由。因此，双方高级司令官不宜出席签字仪式，而应各在其司令部先行签字，然后将他们已经签字的文本送板门店，由双方首席代表南日大将及哈里逊中将主持签字仪式，并进行分别签署。在签字前两天还致电叮嘱代表团：签字前的准备工作，除调整军事分界线外，应包括确定对方手中剩余的不直接遣返战俘送交中立国遣返委员会的地点问题，此事不应留在停战后交军事停战委员会解决。签字日期通知对方为27日上午10时。进入签字厅的记者可容许为每方各10人至20人之数，南朝鲜及蒋帮记者不得参加。①

1953年7月27日上午10时，在朝鲜板门店，朝中代表团首席代表南日与"联合国军"代表团首席代表哈里逊正式签署《关于朝鲜军事停战的协定》及其附件《中立国遣返委员会的职权范围》《关于停战协定的临时补充协议》。下午1时，克拉克于汶山在停战协定和临时补充协议上正式签字。晚10时，金日成于平壤在停战协定和临时补充协议上正式签字。28日上午9时30分，彭德怀于开城在停战

---

① 参见《毛泽东年谱（1949—1976）》第二卷，中央文献出版社2013年版，第134—135页、第137页。

协定和临时补充协议上正式签字。

朝鲜停战谈判签字仪式的这种安排，在世界战争史上颇为独特。签字仪式这样的细节问题本来用不着由党中央和毛泽东亲自处理，但由于发生了李承晚和美方破坏遣返战俘已达成协议的严重事件，不能不给予惩罚性的降低规格的安排。这就是高瞻远瞩的战略眼光，也是思虑周密作风的展现。这个细节的处理为赢得胜利的战争更增添了光彩。

第六篇 直接领导抗美援朝对外关系事务

抗美援朝战争既是军事作战斗争和政治谈判斗争，也是一场外交斗争。周恩来作为中央军委副主席和政府总理兼外交部部长，在毛泽东领导下，很难得地直接参与了这三方面的斗争。在中国共产党创建新中国的开国历史上，作为以毛泽东为核心的中央领导集体中还没有其他人有这样的机遇和荣幸。

抗美援朝战争的外交斗争，是新中国成立后的第一场重要外交斗争。它不仅与长达三年的军事斗争、谈判斗争相伴随，且在朝鲜停战之后围绕撤除一切外国军队的政治会议以及和平统一朝鲜半岛问题进行了相当长时间。这在70多年新中国外交史上无出其右者。周恩来领导外交战线不仅打赢了这场外交战，而且创建的新中国外交风格初见端倪。

（一）抗议美国武装侵入我国领土台湾和危害我国国家安全的外交斗争。

抗美援朝的外交斗争，除了抗美援朝本身外，关系我国最核心的利益就是台湾问题。它不仅与朝鲜战争的发生紧紧相随，而且成为新中国成立70多年来还要为之继续奋斗而解决的问题。这完全是美国的侵略扩张政策和霸权主义一手造成的。这里，我们看看周恩来当年是怎样抗议美国武装侵入我国领土台湾与危害我国国家安全所进行的外交斗争的。

1. 抗议美国武装侵入我国领土台湾，要求联合国安理会将中国控诉美国侵略台湾案列入联大议程。台湾自古以来就是中国领土。清政府在1895年甲午战争失败后被迫将台湾割让给日本。1943年12月，由中英美三国首脑签署的《开罗宣言》庄严宣布，日本战败后，将台湾、澎湖列岛等归还中国。1945年7月《波茨坦公告》重申这一条款应即执行。抗日战争结束后，日本委派的伪台湾总督向中国投降。自此，台湾等岛屿不仅在法律上，而且在事实上恢复成为中国领土的一部分。新中国成立之初，美国总统杜鲁门在1950年1月5日发表声明，承认中国对台湾拥有主权，声言不打算使用武力干预中国局势。是年5月，中国人民解放军解放海南岛后已加紧了解放台湾的准备工作。但是，朝鲜战争爆发后仅两天，杜鲁门出尔反尔，在6月27日发表声明，宣布武装援助南朝鲜，并决定美国第七舰队入侵台湾海峡，以武力阻止解放军解放台湾。

在这种形势下，中共中央不得不作出"支援朝鲜人民，推迟解放台湾"①的战略决策。同时决定首先在外交方面开展反对美国侵占台湾的斗争。

1950年6月28日,周恩来以外交部部长名义发表声明,严正宣布:"我现在代表中华人民共和国中央人民政府声明,杜鲁门二十七日的声明和美国海军的行动,乃是对于中国领土的武装侵略,对于联合国宪章的彻底破坏。""不管美帝国主义者采取任何阻挠行动,台湾属于中国的事实,永远不能改变。""我国全体人民,必将万众一心,为从美国侵略者手中解放台湾而奋斗到底。"② 7月6日,周恩来致电联合国秘书长代表中国政府严正声明:台湾是中国不可分割的一部分。"不管美国政府采取任何军事阻挠,中国人民抱定决心,必将要解放台湾。"同时指出:安理会在没有中华人民共和国和苏联两个常任理事国参加的情况下,"所通过的关于要求联合国会员国协助南朝鲜当局的决议,是支持美国武装侵略、干涉朝鲜内政和破坏世界和平的",显然是非法的。③

为了更有力地揭露和谴责美国侵略台湾的罪行,1950年8月下旬,周恩来多次致电联合国安理会主席及联合国

---

① 参见中国人民解放军军事科学院编《周恩来军事文选》第四卷,人民出版社1997年版,第43页。
② 《人民日报》1950年6月29日。
③ 参见《周恩来年谱(1949—1976)》上卷,中央文献出版社1997年版,第52页。

秘书长，代表中国政府就美国武装侵略台湾向联合国提出控诉，要求联合国安理会立即采取措施制裁美国武装侵略中国的罪行。周恩来指出：美国总统杜鲁门在宣布美国第七舰队入侵台湾海峡后，又命令美国空军进入台湾。美国政府这一行径是对中国领土的直接武装侵略；中国人民不能容忍美国政府这一武装侵略中国领土的行动，决心从美国侵略者手中，收复台湾和一切属于中国的领土。[①] 周恩来严正要求，联合国大会及安理会召开有关会议时必须有中华人民共和国政府代表参加。经过轮值主席国苏联代表的据理力争和其他友好国家的积极支持，联合国安理会最终决定，将中国控诉美国武装侵略台湾案列入议程。

2. 指导中国代表团在联合国与美国的斗争，提出朝鲜问题的解决必须与台湾问题以及中国在联合国的代表权问题联系一起考虑的重要主张。1950年10月23日，周恩来致电联合国秘书长，正式通报中国政府决定组成代表团前往联合国，出席安理会讨论中华人民共和国中央人民政府提出控诉美国武装侵略台湾案的会议；并通报了中国代表团成员名单。中央人民政府任命伍修权为大使衔特别代表，乔冠华为顾问，特派代表助理人员7人。

周恩来对于中国代表团的联合国之行非常重视。在确

---

① 参见《中美关系资料汇编》第二辑上册，世界知识出版社1960年版，第139页。

定代表团成员名单后，他即召集代表团主要成员开会，确定联合国之行的政策方针，交代出国前应做的准备工作和出国后的任务。11月24日，中华人民共和国政府第一个出席联合国会议的代表团抵达纽约。26日，他致电伍修权、乔冠华再次嘱咐："中国代表的一切发言和要求，均应将反对美国政府侵略朝鲜、侵略台湾、侵略整个中国和重新武装日本，与要求美军从朝鲜和台湾撤退，让朝鲜人民自己解决朝鲜问题，并迅速缔结共同对日条约，以保证太平洋和亚洲的和平安全联系在一起。"① 28日，中国政府特派代表伍修权发言，首先宣布：我奉中华人民共和国中央人民政府之命，代表全中国四万万七千五百万人民，来这里控诉美国政府武装侵略中国领土台湾等岛屿的非法的犯罪的行为。接着用大量历史事实驳斥美国代表颠倒黑白、强词夺理否认对台湾侵略的辩解。

伍修权义正词严地指出：美国代表说，未曾侵略中国的领土，那么美国第七舰队和第十三航空队跑到哪里去了呢？莫非是跑到火星上去了？不是的，它们在台湾！既然它们在台湾，美国代表说不是"侵略"，那么莫非它们根本不是美国的武装力量？既然它们是货真价实的美国的武装力量，那不是侵略又是什么？"世界的侵略行动，还有比侵

---

① 《周恩来年谱（1949—1976）》上卷，中央文献出版社1997年版，第100页。

略别国领土更甚的侵略行动吗？""任何诡辩、撒谎和捏造都不能改变这样一个铁一般的事实：美国武装力量侵略了中国领土台湾。"伍修权代表中国政府严正警告美国政府：不管美国政府采取任何军事阻挠，中国人民决心从美国侵略者手中收复台湾和一切属于中国的领土。这是全中国人民坚定不移的意志。最后，他还代表中国政府向安理会提出公开谴责和严厉制裁美国侵略台湾和武装干涉朝鲜的罪行；美国政府必须从台湾完全撤出它的武装侵略力量；一切外国军队一律撤出朝鲜，朝鲜问题完全由南北朝鲜人民自己解决等三项建议。[①] 中国代表的发言，充分表达了中国政府和人民对于台湾问题和朝鲜问题的正义立场，在联合国安理会第一次把猖狂至极的美帝国主义置于被告席上。

伍修权在安理会发言后，按照原安排，还准备在联合国政治委员会上作一次发言。根据朝鲜战场形势的变化，美国很可能玩弄所谓"停战"阴谋。12月3日，周恩来致电伍修权、乔冠华指出：美军在朝鲜东西两线均遭惨败，现在美国"想骗取停战，好稳住阵线，调整兵力，以便再进行进攻"。目前你们应集中准备在政治委员会的发言，以便在本周采取攻势，给美帝代表一个反击。"你们要理直气壮地谈朝鲜与台湾问题。""凡遇以朝鲜停战为言者，你们都不要拒绝谈判，你们应答以只要美军从朝鲜撤退，朝战自停，并且愿将

[①] 参见《人民日报》1950年11月30日、12月3日。

他们的意见向北京作报告；凡言台湾问题目前不能解决者，你们应抓住这点证明美帝侵朝侵台是一回事，并反问美帝可以在侵朝同时侵台，为什么中国人民在反对美国侵台同时不能志愿援朝。"同时应声明："任何与中国有关的问题，没有中国代表参加讨论、不得中国代表同意是不能解决的，因此而生的决议和办法都将是无效的和非法的。"①

根据周恩来指示，伍修权已准备好在联合国政治委员会的发言稿。但是，美国政府操纵联合国大会作出决定，联合国政治委员会无限期休会。这就实际上剥夺了中国在联合国讲坛上与美国作进一步斗争的机会。既然联合国宣布休会，中国代表团于12月19日启程回国。此后，在美国操纵下，联合国通过所谓"停火"决议。12月22日，周恩来代表中国政府发表声明，揭露美国政府在侵朝军队失败时提出"先停战后谈判"，是为取得喘息机会准备再打。"中国人民亟望朝鲜战事能得到和平解决。我们坚持以一切外国军队撤出朝鲜及朝鲜内政由朝鲜人民自己解决为和平调处朝鲜问题的谈判基础，美国侵略军必须退出台湾，中华人民共和国的代表必须取得联合国的合法地位。这几点不但是中国人民和朝鲜人民的合理要求，也是全世界一切进步舆论的迫切愿望。朝鲜问题和亚洲重要问题的和平

---

① 《周恩来年谱（1949—1976）》上卷，中央文献出版社1997年版，第102—103页。

解决，离开这几点是不可能的。"① 在这里，周恩来阐明了中国政府的一个重要主张，即朝鲜问题的解决必须与台湾问题以及中国在联合国的代表权问题一起考虑。这不是硬要将三者联系在一起，而是美国在侵略朝鲜的同时侵略了中国台湾，并将中华人民共和国排除在联合国外，打着联合国旗号侵略朝鲜。这是美国侵略政策导致的局面，因此，这三个问题必须一并解决。

随后，周恩来提出迅速结束朝鲜战争的四项建议。1951年1月17日，他致电联合国大会政治委员会，说明这四项建议：一是在同意从朝鲜撤退一切外国军队及朝鲜内政由朝鲜人民自己解决的基础上举行有关各国的谈判，以迅速结束朝鲜战争；二是谈判内容，必须包括美国武装力量从台湾及台湾海峡撤退及远东有关问题；三是举行谈判的国家，应包括中国、苏联、英国、美国、法国、印度和埃及七国，中国在联合国的合法席位即从举行七国会议予以确定；四是七国会议的地点，应选在中国。② 以周恩来的这四项建议为基础，亚洲和阿拉伯十二个国家提出召开七国会议以和平解决朝鲜问题及远东其他问题的提案。美国操纵联合国大会不仅拒绝了十二国关于召开七国会议的提

---

① 《中美关系资料汇编》第二辑上册，世界知识出版社1960年版，第358页。

② 参见《建国以来周恩来文稿》第四册，中央文献出版社2018年版，第57—58页。

案，而且通过了美国诬蔑中国为"侵略者"的提案。

1951年2月2日，周恩来代表中国政府发表声明，严正指出：1月30日联合国大会政治委员会拒绝亚洲和阿拉伯等国家提出的召开七国会议以和平解决朝鲜问题及远东其他问题的提案，并且通过美国提出的诬蔑中国为"侵略者"的提案；2月1日，联合国大会又通过美国的这个提案，"这就向全世界爱好和平的人民和国家最露骨地证明：美国政府及其帮凶们是要战争不要和平的，而且堵塞了和平解决的途径"。"美国的这一提案完全是颠倒是非，混淆黑白。"明明是美国政府干涉和侵略朝鲜，"而美国提案却反说中国共产党在干涉朝鲜，中华人民共和国中央人民政府在侵略朝鲜"。因此，美国提案"是非法的、诽谤的、无效的，中国人民坚决表示反对"。使美国提案"彻底归于失败，将不仅为和平解决朝鲜问题及亚洲重要问题开辟道路，而且为反对侵略战争、保卫世界和平及恢复联合国宪章的尊严奠定基础"。[①] 两天后，周恩来再电联合国政治委员会主席，要求联合国秘书处在政治委员会会议上宣读伍修权准备的发言讲稿，并作为正式文件印发。联合国政治委员会于2月6日通过决议，将中国代表团的讲稿作为正式文

---

① 参见《周恩来年谱（1949—1976）》上卷，中央文献出版社1997年版，第124—125页。

件印发（但未在会议上宣读）。①

中国代表团在联合国的发言和周恩来代表中国政府提出的主张，虽然受到美国方面施加压力的各种阻碍，但正义之声是封锁不了的。朝鲜战场的接连胜利，说明正义终会战胜邪恶，中国的主张赢得越来越多国家的赞同。

3. 反对美国无视中国利益，单独签订对日和约。日本战败后，根据《联合国家宣言》《开罗宣言》《波茨坦公告》和有关国际协议，对日作战的有关同盟国应尽快订立对日和约，使日本成为独立、民主与和平的国家，以确保远东各国的安全。这项工作本应由签署过日本投降书的苏、美、英、中四国代表组成的外长会议来承办。但是，自1946年起美国为维护其单独占领日本的既得利益，一直谋求片面对日媾和。但是，美国的图谋遭到苏联的强烈反对。朝鲜战争爆发后，美国政府加快对日媾和步伐，于1951年9月上旬，在美国旧金山召开有52个国家出席的会议，正式签订《旧金山对日和约》②，旧金山会议将在对日战争中牺牲

---

① 参见军事科学院军事历史研究所：《抗美援朝战争史》上卷，军事科学出版社，第573页。

② 《旧金山对日和约》共7章27条，主要内容有：日本承认朝鲜独立；日本放弃在中国的一切特权和利益，放弃对台湾、澎湖列岛、南威岛、西沙群岛等岛屿的一切权利和要求；日本同意联合国托管琉球群岛等岛屿，并以美国为唯一管理当局；日本"得自愿加入集体安全协定"；"盟国"可同日本缔结双边协定，在日驻军；"盟国"承认日对本国领土及领海的主权，放弃对日的赔偿要求等。和约无视《开罗宣言》和《波茨坦公告》等国际协议，不提台湾、澎湖列岛归还中国。和约签订几个小时后，美、日又缔结了《日美安全保障条约》，规定美国有权在日本驻扎陆、海、空军部队。

最大、贡献最多的中国拒之门外,是赤裸裸的霸凌主义行径。

中国政府对于美日单独媾和一直坚决反对。在1950年9月30日庆祝新中国成立一周年大会上的报告中,周恩来就指出:中华人民共和国成立后,美国政府对于中国人民的敌视有加无已。它不仅顽固不化地阻挠中华人民共和国的代表参加联合国及其各个组织的合法活动,而且阻挠中国代表参加盟国对日管制委员会①,并阴谋抛开中国和苏联缔结对日和约,以便决定重行武装日本和保留美国在日本的驻军和军事基地。②

1951年7月12日,美英两国政府在华盛顿和伦敦同时公布对日本和平条约草案,美国政府还于7月20日发出召开旧金山会议的通知,准备签订对日单独和约。是年8月15日,中华人民共和国中央人民政府就此事授权周恩来以外交部部长名义发表声明。声明郑重指出:美英"对日和约草案是完全破坏国际协定,损害对日盟国利益,敌视中苏两国,威胁亚洲人民,破坏世界和平安全,并不利于日

---

① 这是第二次世界大战后盟国驻日占领军最高统帅的咨询机构。它根据1945年12月苏、美、英三国外长莫斯科会议的协议在东京设立,由中、苏、美三国代表各一人和英国、澳大利亚、新西兰、印度四国联合代表一人组成。其主要任务是实现《波茨坦公告》的规定,完全解除日本的武装,并使其走向民主化。中华人民共和国成立后,中国在该机构的席位仍由蒋介石集团的代表非法占据着。1952年4月该机构由美国单方面宣布解散。

② 参见《周恩来外交文选》,中央文献出版社1990年版,第22—23页。

本人民的","实际上这是一个准备新的战争的条约,并非真正的和平条约"。条约还破坏了开罗宣言、雅尔塔协定和波茨坦公告的协议,"将台湾和澎湖列岛归还给中华人民共和国""一字不提",其目的是为使美国政府侵占中国的领土台湾得以长期化。因此,"这个和约草案是中国人民及曾被日本侵略的亚洲人民所绝对不能接受的"。"对日和约的准备、拟制和签订,如果没有中华人民共和国的参加,无论其内容和结果如何,中央人民政府一概认为是非法的,因而也是无效的。"[①] 9月8日,美国政府操纵旧金山会议通过了对日和约。9月18日,周恩来就此事件发表声明,再次指出:美国完全无视"中国人民在击败日本帝国主义的伟大战争中,经过时间最长,遭受牺牲最大,所作贡献最多"的历史事实,一手包办旧金山会议,签订了对日单独和约,中国政府认为"是非法的,无效的,因而是绝对不能承认的"。[②]

《旧金山对日和约》于1952年4月28日生效。1952年5月5日,中央人民政府再度授权周恩来发表声明,抗议美国政府宣布非法的单独对日和约生效。该声明指出:美国政府悍然践踏自1942年1月1日联合国宣言以来它所亲手签字的一系列有关日本问题的国际协议,竟擅行宣布它

[①] 参见《周恩来外交文选》,中央文献出版社1990年版,第38—46页。
[②] 参见《周恩来年谱》(1949—1976)上卷,中央文献出版社1997年版,第180页。

所一手包办、非法制定的单独对日和约生效，并专横独断地解散远东委员会和盟国对日委员会，这种单方面的措施是完全非法，完全没有道理的。中华人民共和国中央人民政府认为：美国政府这种横暴可耻的行动，又一次证明了美国政府对于它所承诺过的任何国际义务和约束，随时都可以像废纸一样撕碎抛掉，其毫无信义确已达到了空前严重的程度。"美国政府包办制造的单独对日和约，决不是什么恢复日本主权、独立和改变日本的被占领地位的条约；恰恰相反，它是彻底变日本为美国军事基地和附属国家的备战条约和奴役条约。"美国强令日本吉田政府和在台湾的中国国民党残余集团缔结所谓"和平条约"，显然是企图借此构成对中华人民共和国的军事威胁。对此，中国政府再次声明：绝对不能承认所谓的"对日和约"，坚决反对日本吉田政府同台湾国民党缔结所谓的和平条约。对于美日反动派准备进行新的侵略战争的狂妄图谋，"中国人民决不能容忍，并将提高警惕，准备随时给予那些妄想侵犯我中华人民共和国领土的战争挑拨者们以严重的打击"。①

日美单独媾和，不仅长期阻碍着中美关系的正常发展，而且也严重地阻碍着中日关系的正常发展。直至20年后，日本首相田中角荣在1972年9月访华，由周恩来和田中角荣签署《中日联合声明》，才结束两国间的不正常状态，实

---

① 参见《人民日报》1952年5月6日。

现了邦交正常化。1978年8月12日，两国又缔结《中日和平友好条约》，一衣带水的中日关系才快速向前发展。

（二）揭露美国实施细菌战的反人类罪行。

前已指出，抗美援朝谈判两年，最艰难的谈判就是战俘遣返问题。从时间而言，达一年半之久；从美方使用的手段来说，为了达到最大限度地扣留中朝战俘的目的，美方无所不用其极，实施了各种反人类罪行。周恩来不仅协助毛泽东指导谈判代表团与美方代表进行坚决而又巧妙的斗争，且以"武仗"作为"文仗"的坚强后盾，迫使对方最终签订释放大批战俘的协议；同时，在外交方面也积极配合谈判斗争，不断揭露美国实施细菌战的反人类罪行。

美国统治集团一直是两张面孔的两面人。当着广大公众，民主、人道不离嘴，好像人道卫士。背地里却长期干着不能见人的罪恶勾当。第二次世界大战结束后，美国当局包庇、纵容石井四郎（日军731部队头目）等一批罪大恶极的日本细菌战犯逃避东京审判，利用他们为美国研究细菌武器服务。抗美援朝战争开始后，美军实施细菌战蓄谋已久。他们遭到两次战役沉重打击从三八线以北撤退时，美国当局决定试验细菌武器，在平壤、江原道等地散布天花病菌，造成这些地区恶性传染病的流行。1951年，美方还多次在中国人民志愿军和朝鲜人民军被俘人员中秘密进行细菌性能试验。1952年初，美方在谈判桌上未能得逞，就对朝鲜北方和中国部分地区实施罪恶的细菌战。

1952年2月19日，毛泽东得到报告后，批示："请周总理注意此事，并予处理。"当晚，周恩来致信毛泽东，报告情况：（一）加紧试验前方业已送回的昆虫细菌，据初步化验含有鼠疫、霍乱及其他病菌，一两日内当可全部判明；（二）往前方派送防疫队和疫苗、粉剂及其他器材；（三）在朝鲜外务相发表声明后，"中国外长继起向全世界控告，以新闻舆论配合，并要美国对后果负责"；（四）由中国人民保卫世界和平委员会向世界和平委员会建议，"发动反对美国进行细菌战的活动"；（五）致电前方进行防疫动员，东北亦加戒备；（六）将此事电告苏联政府，请其予以帮助。① 两天后，就反击美国进行细菌战一事，周恩来又致信毛泽东，提出防疫计划可分两阶段进行：第一阶段为准备和预防阶段，在目前病菌尚未发展的情况下，中央先在中央军委机构内成立总防疫办公室，领导后方进行防疫准备和在前线采取防疫措施。如果美国在我公开控诉后仍继续进行细菌战，我将立即进入全面采取紧急措施的第二阶段。毛泽东批准了这一建议。

1952年2月24日，周恩来代表中国政府发表声明，支持朝鲜朴宪永外务相严重抗议美国进行细菌战。两天前，朴宪永代表朝鲜政府发表声明指出，在1951年5月8日，

---

① 参见《周恩来年谱（1949—1976）》上卷，中央文献出版社1997年版，第217页。

朝鲜政府曾就美帝国主义侵略者使用细菌武器向联合国提出过严重抗议。但是，美国侵略军在1952年年初再度使用大量屠杀人民的细菌武器，制造了人类历史上最严重的罪恶行为。朝鲜人民将继续为反对蹂躏国际公法和人类道德的美帝国主义者的凶恶暴行而斗争。周恩来在声明中指出：早在1950年12月至1951年1月期间，美国侵略军从三八线以北撤退时，就曾在平壤、江原等地区散布天花细菌；这次又在朝鲜人民军和中国人民志愿军前线阵地和后方连续用飞机撒下大批昆虫细菌的罪恶行动，更加证明美国政府是在有计划地、有准备地进行灭绝人性的细菌战；美国政府是目前世界上为了进行侵略战争、不惜破坏任何国际公约而首先使用细菌武器的战争罪犯。美帝国主义进行各种致命细菌的试验和制造，成百上千的朝鲜人民军和中国人民志愿军被俘人员都成了牺牲者。声明进一步指出：美国进行细菌战的目的，在于不甘心在战争中的失败，于是一面使用各种无耻的拖延战术，来阻挠谈判的进行；另一面又进行灭绝人性的细菌战，来希图延长并扩大朝鲜战争，以实现破坏中华人民共和国和远东地区和平的侵略阴谋。声明呼吁世界爱好和平的人民共同制止美国进行细菌战的罪行。声明表示，中国人民将和世界人民一道，为制止美国政府这一疯狂罪行而坚决斗争到底。[①]

[①] 参见《人民日报》1952年2月25日。

为坚决有效地反对美国发动的细菌战，保护广大人民的健康，政务院决定成立以周恩来为主任的中央防疫委员会，既要在全国范围内开展人民防疫运动，加强防疫宣传工作；又要搜集美国撒布细菌的各种罪证，向全世界人民揭露美国进行细菌战的罪行。此后，在周恩来具体领导下，中国人民进行反对美国细菌战的斗争主要开展了五项工作：

1. 动员全国人民坚决声讨美国侵略军发动细菌战的罪行。1952年2月下旬以来，国内各新闻媒体连续报道美军在朝鲜战场用飞机撒布细菌毒虫的情况。中国人民保卫世界和平反对美国侵略委员会发表声明，号召全国人民动员起来坚决声讨并制止侵朝美军撒布细菌的罪行；并致电世界和平理事会主席约里奥-居里控诉美军进行细菌战的罪行。中国各民主党派、人民团体先后发表声明、宣言或谈话，抗议美国进行灭绝人性的细菌战罪行。在美国从1952年2月底至3月上旬将细菌战的范围扩大到中国东北境内后，3月8日，周恩来代表中国政府发表声明，严重抗议美国侵略军自2月29日至3月5日，先后以军用飞机448架次侵入中国东北领空撒布大量传播细菌的昆虫，使用细菌武器屠杀中国人民、侵犯中国领空的罪行；再次呼吁全世界爱好和平的人民起来制止美国政府这种疯狂的罪恶行径。

2. 组织由各界著名人士和有关学科著名专家参加的美帝国主义细菌战罪行调查团，揭露美国进行细菌战的真相。

美国当局重复过去的一贯伎俩,对进行细菌战的事实百般抵赖和狡辩。为了彻底揭露美国政府的无耻行径,由中国人民保卫世界和平反对美国侵略委员会发起,组成了有中国红十字总会等团体和各方面专家参加的美帝国主义细菌战罪行调查团70余人,于3月中旬从北京出发前往朝鲜和中国东北各地进行调查。4月下旬,《人民日报》公布了调查报告。经过一个多月调查,报告指出:"美国飞机撒下的昆虫、动物及带毒物品,经检验后发现鼠疫杆菌、伤寒杆菌、痢疾杆菌、霍乱弧菌、炭疽杆菌,及某种病毒等。""情况十分明白,美国侵略者在朝鲜进行细菌战,是完全没有疑问的,完全肯定的,因此美国政府对其进行细菌战的一切罪行,是无可抵赖的。"①

3. 在国内外举办美国细菌战罪行展览,以大量事实揭露美国细菌战灭绝人性的罪行。先是1952年5月和6月在北京和沈阳举办展览,以大量实物、图片揭露了美国进行细菌战的罪行,参观者络绎不绝,深受教育。6月下旬,周恩来先是出面邀请到京调查美国在朝鲜和中国发动细菌战事实的国际科学委员会委员、苏联医学科学院副院长兼细菌学教授维勒斯尼科夫参观美帝国主义细菌战展览会,听取他对展览的意见。两天后周恩来约见即将出席世界和平理事会特别会议的中国代表团成员郭沫若、马寅初、梅

---

① 《人民日报》1952年4月25日。

汝璈等，就揭露和控诉美国侵略朝鲜并发动细菌战的罪行交换意见，勉励他们做好国际宣传工作。12月，应奥地利方面邀请，中国政府同意在维也纳举办美国细菌战罪行展览会。许多国家的代表团与和平人士参观了上述展览。参观者对美军的罪行极为愤慨，纷纷表示必须采取行动来制止这种灭绝人性的战争活动。世界和平理事会等10多个国际性组织发表声明，抗议美国违反人道主义和国际公约的暴行。世界和平理事会主席约里奥-居里发表声明指出：美国细菌战"是继用原子弹在几秒之内毁灭广岛和长崎的几十万人民那种同样穷凶极恶的罪行之后的又一罪行"。① 世界许多国家的群众举行集会、游行、示威等活动，要求制止美国的细菌战。

4. 接受多个国际机构组织的调查，世界各国越来越多的人民谴责美国进行细菌战的反人类罪行。在中国各界人士组织调查团的同时，一些国际机构也组织调查团前来中国和朝鲜对美国发动的细菌战进行调查。1952年3月上旬到中旬，由奥地利等8个国家著名的法学家组成的国际民主法律工作者调查团，先在朝鲜调查后即到中国东北进行实地调查。其间，周恩来致电东北、志愿军防疫委员会并告华北、华东防疫委员会：将有国际人士前往调查美帝国主义进行细菌战的情况，望做好揭露敌人这一行为的充分

---

① 《人民日报》1952年3月10日。

实物证据的展览和具有说服力的宣传工作。① 随后，国际调查团的调查报告在《人民日报》全文刊载。4月初，周恩来还接见在东北调查并在沈阳举行揭露美国进行细菌战的记者招待会后抵达北京的加拿大和平委员会主席文幼章及夫人，对他不辞劳苦作实地考察表示感谢。文幼章在伦敦记者招待会上，继续用亲眼所见的事实揭露美国实施细菌战的罪行。6月至8月，由瑞典等七国著名科学家组成的调查在朝鲜和中国的细菌战事实国际科学委员会，也到中国和朝鲜对美国细菌战事实进行实地调查，9月中旬的《人民日报》也全文刊载了该团的调查报告。这两个调查团的成员虽然国别不同，政治观念、宗教信仰以及语言各不相同，但他们通过现场勘察、鉴别实物、访问人证和对昆虫毒物进行检验认证，分别从不同角度进行分析研究，最后的结论都是一致的，确认美军在朝鲜和中国部分地区大规模地施用了细菌武器，对两国人民及整个人类犯下了细菌战罪行。调查团的报告公布后，世界各地反响强烈，要求联合国立即严惩美国罪犯，公开声讨美国反对和平和人道的罪行。

5. 公布被俘美军飞行员关于执行细菌战情况的供词，美国政府遭到国际舆论严厉谴责。执行细菌战任务的美军

---

① 参见《周恩来年谱（1949—1976）》上卷，中央文献出版社1997年版，第227页。

飞行员先后有 25 名被击落成为俘虏。他们在志愿军优待俘虏政策感召下，看到细菌战给朝鲜人民带来无辜伤害后，很快觉悟，主动坦白，揭露美国政府和军方策划细菌战的经过。这些战俘中有几名上校，任大队长、副联队长、联队参谋长，曾接触过美国参谋长联席会议关于决策在朝鲜实施细菌战的内幕，他们供述了有关美国细菌战的企图和决策情况。他们在 1953 年 8 月 10 日和 18 日的供词指出：参谋长联席会议主席布莱德雷认为，"细菌武器既有效，又便宜，故应加以发展"。1951 年 12 月，参谋长联席会议决定："把在鸭绿江以北使用细菌武器的任务也包括在细菌战中。这个决定于 1952 年 1 月付诸实施。"这个决定"由国务院通过并得到总统的赞同"。大量确凿证据表明，美国政府和最高统帅部直接策划了细菌战，他们是细菌战的罪魁祸首。美军飞行员 16 万余字的供词，充分揭露了美国细菌战的全过程和各个方面，内容详尽，可信度高。① 美国实施细菌战的罪恶行径和丑恶嘴脸在世人面前昭然若揭，并进一步遭到国际舆论的强烈谴责。

　　周恩来具体领导的反对美国细菌战的外交宣传活动，充分揭露了美国实施细菌战的反人类罪行，使美国政府陷于更加被动难堪的境地。

---

① 参见《人民日报》1953 年 11 月 13 日和 14 日。

（三）为召开政治会议所作的艰辛努力。

召开政治会议的核心问题是撤出一切在朝鲜作战的外国军队，以完全实现朝鲜半岛的和平。有如前述，在停战谈判最初讨论谈判议程时，毛泽东为朝中方面准备的《朝鲜停战的协定》主要内容，分量最重的就是这一条。但是在双方讨论议程时，有如前述，美方代表坚决反对将这一条列入议程。双方代表你争我辩，美方理屈词穷，但就是不同意，谈判陷入僵局。为使谈判能继续进行，周恩来为毛泽东起草致谈判代表团电提出了一个妥协方案，"此次停战谈判仍应以争取从三八线上撤兵停战为中心，来实现和平解决朝鲜问题的第一步，至于从朝鲜撤退外国军队问题，可以同意留待停战后的另一个会议去解决而不将其列入此次会议的议程之内"。但是要增加"其他有关停战的问题"这一议程，以便各项议程达成协议后，"向双方有关各国政府建议，在停战协定实施后一定期限内召开双方高一级的代表会议，协商从朝鲜分期撤退一切外国军队的问题"。[①] 这个新方案，美方代表赞同了。整个谈判的议程问题就这样迎刃而解了。

1952年2月，代表团大会复会要对第五项议程的具体内容加以明确。周恩来忙于其他事务，毛泽东指示有关部

[①] 参见《周恩来军事文选》第4卷，人民出版社1997年版，第204—205页。

门起草了一个原则草案:"为保证朝鲜问题的和平解决,兹建议由敌对双方,即朝鲜民主主义人民共和国与中华人民共和国两国政府为一方,联合国有关各国政府为一方,在朝鲜停战协议签字并生效后三个月内各指派代表五人举行政治会议,协商:(1)从朝鲜撤退一切外国军队问题;(2)和平解决朝鲜问题;(3)与朝鲜和平有关的其他问题。"①我方首席代表在讨论时根据上述三项原则提出了具体建议。美方代表开始时狂妄地声称,中国无权参加政治会议,遭到我方严厉驳斥后终于同意了。这样,第五项议程就算通过了。这个内容最后列入朝鲜停战协定第 4 条第 60 款:"为保证朝鲜问题的和平解决,双方军事司令官兹向双方有关各国政府建议在停战协定签字并生效后的三个月内,分派代表召开双方高一级的政治会议,协商从朝鲜撤退一切外国军队及和平解决朝鲜问题等问题。"②

根据上述协议,在朝鲜停战协定签字并生效后三个月内就要举行政治会议。中国政府严守信义,1953 年 8 月中旬,周恩来就开始为将要召开的政治会议进行准备。

1. 与有关各国商议如何召开政治会议。惯于政治操弄的美国政府,在朝鲜停战协定签字 10 天后公然违背朝鲜停

---

① 《毛泽东年谱(1949—1976)》第一卷,中央文献出版社 2013 年版,第 483 页。

② 军事科学院军事历史研究所:《抗美援朝战争史》下卷,军事科学出版社,第 582—583 页。

战协定关于政治会议的精神，抢在政治会议召开前与李承晚集团签订了《美韩共同防御条约》（草案）。该条约规定：大韩民国给予美国在其领土以内及其附近部署美国陆、海、空军部队的权利。还发表声明称：朝鲜的统一由美国代表与大韩民国代表合作实现。如果在政治会议召开90天后这个目标无法实现，"我们那时将准备同时退出会议。然后，我们进一步磋商关于实现一个统一、自由与独立的朝鲜的问题"。这充分说明，美韩沆瀣一气，撕毁了朝鲜停战协定，不仅不撤出美军，而且要将美军驻韩长期化；不仅不由双方有关各国政府一起来共同讨论朝鲜半岛的和平统一，而是由美韩一方单独决定统一问题。这是一个赤裸裸地反朝鲜停战协定的条约。[①]

在美国国务卿杜勒斯与李承晚签订《美韩共同防御条约》（草案）三天后，与此针锋相对，1953年8月11日，周恩来为解决南北朝鲜的和平统一问题，同中国外交部负责人研究并起草了《关于政治会议问题的意见》。8月12日、16日，他先后接见苏联驻华大使、印度驻华大使、瑞典驻华大使，请他们将中国政府关于召开和平解决朝鲜问题政治会议的书面意见转交本国政府。其间，周恩来还为毛泽东起草致金日成电，将由中国方面提出的《关于政治

---

① 该条约于1953年10月1日在美国签字，南朝鲜国民议会和美国参议院分别于1954年1月24日、26日批准了该条约。

会议问题的意见》发去，征询朝方意见。8月17日，联合国大会讨论朝鲜政治会议问题，苏联代表团提出提案，主张政治会议为圆桌会议，由美国、英国、法国、苏联、中华人民共和国、印度、波兰、瑞典、缅甸、朝鲜民主主义人民共和国和南朝鲜参加；会议的决定只有得到签订停战协定双方的同意，才被认为通过。苏联还建议，邀请中朝两国代表参加联大的讨论。但是，苏联的这个提案遭到否决。以美国为首的十五国又提出提案，主张政治会议应为停战双方的会议。

针对联合国大会两个提案的交锋，1953年8月24日，周恩来代表中国政府发表声明，阐明中国政府对拟将召开的政治会议的原则立场，指出："为了使政治会议和谐地进行，以便在国际事务中给和平协商解决争端建立典范，政治会议应采取圆桌会议的形式，即朝鲜停战双方在其他有关国家参加之下共同协商的形式，而不采取朝鲜停战双方单独谈判的形式，但会议的任何决议，必须得到朝鲜停战双方的一致同意，才能成立。""政治会议的职权范围，应根据朝鲜停战协定第六十款的规定，先行协商从朝鲜撤退一切外国军队，包括联合国军及中国人民志愿军在内，及和平解决朝鲜问题，然后再讨论其他问题。"鉴于联大否决了苏联提案，周恩来代表中国政府表示，支持苏联政府的提案，"联合国大会关于政治会议问题的讨论，竟拒绝邀请中华人民共和国和朝鲜民主主义人民共和国的代表参加，这是不合理的"。"为了促成政治会议的顺利召开，联合国大会有责任将一切有关政治会议问题的各项提案和建议随时通知中朝两国政府。"① 第二天，朝鲜民主主义人民共和国发表声明，完全支持中国政府的声明。

1953年8月28日，联合国大会在美国操纵下通过以美国为首的十五国提案，拒绝圆桌会议形式，把参加政治会议的成员限于朝鲜交战双方的国家。联大的"决议"建议政治会议在双方满意的地点和日期尽快召开，规定参加会议的各会员国在达成协议时应通知联合国。当天，联合国秘书长哈马舍尔德将联大会议的"决议"转送中国政府。

1953年9月13日，周恩来致电联合国秘书长哈马舍尔德，对联大通过的有关朝鲜问题的两项决议案作出答复，并对参加政治会议的成员、会议采取的形式等提出具体意见。周恩来指出：政治会议在形式上不应该是板门店形式的重复，应该采取圆桌会议形式；成员不应该局限于在朝鲜的交战双方，应该还有其他有关国家，特别是苏联和其他亚洲国家参加。只有这样，才能使政治会议在和谐的氛围下进行，从而保证会议有成功的可能。联大拒绝以圆桌会议形式为基础的苏联提案，而通过以交战双方举行谈判为基础的十五国提案，把参加政治会议的成员限于交战双方的国家，这是对朝鲜停战协定第60款的曲解，只能有助

---

① 《人民日报》1953年8月25日。

于美国政府和李承晚集团破坏这个会议的预谋。对联大的"决议"中国政府完全不能同意。周恩来电告联大秘书长，为使政治会议得以迅速召开，中国方面建议：（一）参加会议的成员国，应为在朝鲜交战双方的全体国家，包括朝鲜民主主义人民共和国及南朝鲜在内，以及被邀请的有关中立国家苏联、印度、印度尼西亚、巴基斯坦、缅甸；（二）政治会议应采取圆桌会议形式，但政治会议的任何决议必须得到朝鲜交战双方的一致同意；（三）第八届联合国大会在讨论扩大政治会议成员问题时，应邀请中朝两国政府派代表出席，共同协商；（四）协商解决成员问题后，朝鲜交战双方应即对会议的地点和时间进行商洽和安排。①

第七届联合国大会闭幕后，1953年9月中下旬和10月上旬，美国政府通过瑞典政府驻华大使馆转给中国政府三封信函，提出政治会议召开的时间和地点建议。10月5日，周恩来修改毛泽东嘱人起草的致金日成电，随电发去他拟定的《关于政治会议成员问题的新步骤》（以下简称《新步骤》），答复美国政府来函。《新步骤》提出："我们原则上仍然认为政治会议不应是板门店谈判形式的重复"，"应有其他中立国参加，以便政治会议得以顺利协商撤退一切外国军队及和平解决朝鲜问题"。"为了推动政治会议的迅速召开，经过两国间的协商，同意由朝中两国政府指派

---

① 参见《人民日报》1953年9月14日。

代表与美国代表进行初步会谈。""初步会谈的主要问题应为政治会议的成员问题,其次则为政治会议的地点与时间问题。""初步地点即在朝鲜板门店。"8日,金日成回电同意。10月10日、19日,周恩来根据朝方同意的《新步骤》内容,先后发表关于政治会议问题的答复声明和通知回复美国政府,再度表明我国政府的立场,其中关于参加政治会议的中立国一条中,强调特别要有亚洲的中立国参加政治会议。

由于中国准备派代表参加政治会议的磋商,1953年10月21日,周恩来在医院约见外交部负责同志研究关于政治会议的会谈计划和参加会议代表的注意事项,并修改由他们起草的《关于政治会议问题的双方会谈计划》。随后,周恩来致信毛泽东等,说明中国方面将以黄华为代表,出席朝鲜交战双方关于政治会议问题的会谈。10月26日,朝中方面代表和美方代表在板门店会谈,讨论如何召开政治会议一事。但是,美国根本不想召开政治会议,不愿意从南朝鲜撤出军队,经过一个半月多的讨论,美方代表拒绝接受中朝方面的合理建议,于12月12日单方面宣布无限期休会。14日,朝中两国代表发表联合声明,谴责美方中断会谈,暴露了美方企图破坏政治会议,使朝鲜问题不得和平解决,以保持国际紧张局势。其间,美国又单方面宣布停止对战俘的解释工作。周恩来致电联合国大会,谴责美国阻挠朝中方面对战俘的解释工作,以及拖延关于政治会议的朝鲜停战缔约双方的会谈和继续制造国际紧张局势的行径。

1954年元旦，周恩来接见苏联驻华大使尤金，听取其转告苏联政府关于朝鲜问题的三点意见：支持中国政府近期发表一项声明，要求恢复关于政治会议问题的双方会谈；中朝方面在板门店谈判中的立场是正确的；目前朝鲜局势最值得注意的是美国破坏板门店谈判，阻挠政治会议的召开。1月9日，周恩来就恢复关于政治会议问题的双方会谈发表声明，要求立即恢复在板门店的双方会谈，迅速召开政治会议，设法解决停战谈判遗留下来的战俘处理问题。经过中朝方面会谈代表的努力，1月14日，双方联络秘书举行会晤。但美方仍取拖延态度，对中朝方面提出的复会日期的建议一概拒绝。这样，朝鲜停战协定中规定的在协定签字生效的三个月内应该举行的高一级政治会议未能实现。

2. 柏林会议的召开为解决政治会议难题开辟了新途径。在联合国大会讨论朝鲜政治会议问题，否决苏联代表团提出政治会议为圆桌会议的提案后，苏联政府于1953年9月底曾照会法、英、美三国政府，提议召开有中华人民共和国参加的五大国外长会议，审查缓和国际紧张局势的措施。10月8日，周恩来代表中国政府发表声明，赞成这一提议。1954年元旦，周恩来在接见苏联驻华大使尤金后，于1月9日在关于恢复政治会议问题的双方会谈的声明中指出：希望由将在柏林召开的苏、美、英、法四国外长会议"导向有中华人民共和国参加的五大国会议，来促进迫切的国际问题的解决"。①

在苏联的推动下，中断将近八年的苏联、美国、英国、法国四国外长会议于1954年1月25日至2月18日在柏林举行。由于苏联代表团的坚持努力，会议达成一致协议："建议由苏维埃社会主义共和国联盟、美国、法国、联合王国、中华人民共和国、大韩民国、朝鲜民主主义人民共和国及其他有武装部队参加朝鲜战争并愿意参加会议的国家的代表于一九五四年四月二十六日在日内瓦举行会议，以期对朝鲜问题取得和平解决。"同时，"还要讨论恢复印度支那和平的问题，届时将邀请苏维埃社会主义共和国联盟、美国、法国、联合王国、中华人民共和国及其他有关国家的代表参加"。会议公报还宣布，四国外长在会议期间未能就德国、奥地利和欧洲安全问题达成协议。

柏林会议由于美国的阻挠尽管不尽如人意，但周恩来还是给予积极评价。他在1954年2月下旬接见印度驻华大使赖嘉文时指出：四大国召开的柏林会议不能算是完全满意的，因为欧洲的重大问题没有取得协议；由五大国会议来审查和缓和国际紧张局势的措施的事情，也没有取得协

---

① 参见《周恩来年谱（1949—1976）》上卷，中央文献出版社1997年版，第343页。

议。但柏林会议有一点收获,就是要举行日内瓦会议,从远东的具体问题来解决一些国际上迫切的问题,尤其是远东的和平问题。这就是一个成就。这将推进国际和平,首先是朝鲜和越南的和平。同时,用协议的方法来解决一些纠纷的原则也被推前了一步。越南和平的恢复问题,关键在于美国。但是,它却一直在增加对越南的军事干涉,这是不利于和平的。①

当时关于召开政治会议的形势,真有点"山重水复疑无路,柳暗花明又一村"之感。中共中央和中国政府十分重视这个实际上是解决政治会议难题的日内瓦会议。周恩来又积极投入到参加日内瓦会议的准备工作中去了。他着重抓了这样几项工作:

(1) 广泛搜集各方资料,召集与会干部研究准备工作。自1954年2月底到3月,为了开好日内瓦会议,周恩来进行了诸多准备:阅读有关日内瓦会议的大量文件、电报、资料和情报,以及美国政府致苏联政府的备忘录和苏联政府的复文等;经常约准备赴会的李克农等商谈出席会议的准备工作和中国代表团人选等问题,提出对各个环节都要认真准备,并搞翻译练兵;召集参加日内瓦会议筹备工作的干部,组织模拟会议等。他在干部会议的讲话中强调了

---

① 参见《周恩来年谱(1949—1976)》上卷,中央文献出版社1997年版,第354页、第355页。

这样两个问题：一是日内瓦会议对缓和国际紧张局势具有重要作用，中国应该积极参与；二是由于美国政府多方阻挠，和平解决朝鲜问题估计难有大的进展，但我们仍应力争解决一些问题。经中央同意，由李克农、章汉夫负责各项准备工作。周恩来约有关部门负责人商谈，指出日内瓦会议期间既要加强外交活动的计划，又要配合会议做好国际宣传。

（2）主持起草《关于日内瓦会议的估计及其准备工作初步意见》《关于和平统一朝鲜方案的初步意见》等重要文件。在所有准备工作中，最重要的，是对那时的形势和可能出现的问题作出准确估计，确定正确的指导方针。朝鲜问题和印度支那问题是两个热点问题，国际局势既有有利因素，也有不利因素。要使会议取得积极成果，难度很大。他主持起草的初步意见指出："关于召开日内瓦会议协议的达成，是苏联代表团在柏林四外长会议上一项重大的成就。单就有中华人民共和国参加日内瓦会议一事看来，它已使缓和国际紧张局势的工作前进了一步。""帝国主义侵略集团，特别是美国政府却故意低估日内瓦会议的作用，并预言日内瓦会议将同柏林会议在德奥问题上一样得不到任何结果。但美、英、法三国之间在朝鲜问题上以及在许多国际事务上的意见并非完全一致，有时矛盾很大，他们的内部困难也很多。"鉴于以上情况，"我们应该采取积极参加日内瓦会议的方针，并加强外交和国际活动"，打破美国政府的"封锁、禁运、扩军备战的政策,以促进国际紧张局势的缓和"。在日内瓦会议上,即使美国将用一切力量来破坏各种有利于和平事业的协议的达成,我们仍应尽一切努力务期达成某些协议,甚至是临时的或个别性的协议,以利于打开经过大国协商解决国际争端的道路。在朝鲜问题上,"我方应紧紧掌握和平统一、民族独立和自由选举的口号,以反对李承晚武力统一和美韩共同防御条约,以及人民在没有任何自由下的所谓选举"。在印度支那问题上,"我们要力争不使日内瓦会议开得无结果而散"。[①] 上述两个文件分别由中央书记处会议和中央政治局扩大会议批准通过。

（3）多方考虑代表团人事安排,确定经中央批准的出席会议的中国代表团名单。这是中国第一次出席大型国际会议。中国代表团出席是代表新中国在世界舞台上公开亮相,代表团成员不能不格外慎重考虑。首先,经中央书记处批准,决定张闻天任外交部副部长,参加代表团工作。张闻天本来是新中国成立后被任命的出席联合国会议的首任首席代表。1950年1月19日,周恩来照会联合国大会主席和联合国秘书长,张闻天为中华人民共和国出席联合国会议和参加联合国工作,包括安全

---

① 参见《周恩来年谱（1949—1976）》上卷,中央文献出版社1997年版,第354页、第356页。

理事会的会议及其工作的代表团的首席代表。① 后因美国阻挠，联合国未能驱逐蒋介石集团代表，张闻天未能赴任，遂改任驻苏大使。因他对国际问题多有研究，又有在国外工作数年的经历，故这次他还在驻苏大使任上就有此任命，成为协助周恩来去日内瓦开展工作的首要成员。经中央任命的中国代表团，由周恩来、张闻天、王稼祥、李克农等人组成。

（4）与赴会的周边友好国家广泛交流，就会议将要讨论的主要议题形成基本共识。在各项准备工作基本就绪后，周恩来代表中国政府于1954年3月3日复电苏联政府，宣布中国接受苏联根据柏林会议发来的邀请，同意派出全权代表参加日内瓦会议。3月上旬，周恩来接见来京的朝鲜南日外相，商谈中朝双方出席日内瓦会议讨论朝鲜问题的准备工作事宜。

3月中旬，周恩来致电胡志明并越南劳动党中央：日内瓦会议已定于4月26日召开。"目前国际形势与越南的军事情况，对越南进行外交斗争是有利的。不论日内瓦会议结果如何，我们均应积极参加。""因此，希望你们立即进行准备工作：组织出席会议的代表团，搜集有关的资料，拟定谈判的各种方案。""如果要停战，最好有一条比较固定的界限，能够保持一块比较完整的地区。事实上今天的

---

① 《人民日报》1950年1月20日。

停战线，也有可能成为将来的分界线，所以这是一个比较重大的问题，而且还要看今后战局的发展。到底这条线划在什么地方，划在哪一纬线，可从两方面考虑：一方面要对越南有利，一方面要看敌方能否接受。这条线最好能越往南越好，北纬十六度的问题，似可作为方案之一来考虑。"电文请胡志明在3月底或4月初来北京一谈，并赴莫斯科与苏共中央交换意见。① 3月29日，他会见到京的胡志明，商谈和平解决印度支那问题的方案。4月1日，根据中央书记处的决定，周恩来启程飞莫斯科同苏共中央商谈出席会议的有关事宜。4月上旬，周恩来出席在莫斯科召开的有苏联、中国、朝鲜、越南四国领导人参加的日内瓦会议预备会议，磋商参加日内瓦会议的方针、政策和谈判方案等问题，进一步明确尽力争取在印度支那实现停战。4月中旬，周恩来返回北京后，又将已起草好的关于日内瓦会议的五个文件提交中央书记处会议讨论，并与毛泽东、刘少奇、陈云、彭德怀、邓小平等商谈参加日内瓦会议的有关问题。

"万事俱备，只欠东风。"不是政治会议的日内瓦会议即将开幕，它将超越朝鲜停战协定所规定的政治会议，在更高级别、更大范围，以更有影响力的形象来讨论政治会

---

① 参见《周恩来年谱（1949—1976）》上卷，中央文献出版社1997年版，第354页、第358页。

议的议题,因而也就将朝鲜停战问题的解决推向了一个新的阶段。

(四)签署援助朝鲜建设协议,安排中国人民志愿军凯旋。

朝鲜停战协定签订后,军事战争结束了,但履行协定却不是一件容易的事情。上述政治会议不能如期召开就说明这一点。造成这个局面不是作为交战国一方的中国和朝鲜方面的问题,而是美国和南朝鲜有意为之。就中国而言,不仅希望朝鲜停战协定能够百分之百地履行,而且还要尽友邦之责,帮助朝鲜人民医治战争创伤,建设美好家园。周恩来不仅协助毛泽东,是总理抗美援朝战争的实际副帅,而且受中共中央委托,也肩负着中国政府和中国人民在战后援建朝鲜和履行朝鲜停战协定安排中国人民志愿军凯旋的重任。

1. 负责援建朝鲜工作,签署援助朝鲜建设协议。三年战争,三千里江山满目疮痍。朝鲜城镇基本被夷为平地,工厂学校、铁路交通遭严重毁坏,农田荒芜,粮食奇缺,人民群众灾难深重。

中国政府和中国人民一直把朝鲜的苦难视为自己的苦难,非常关心朝鲜战后的重建工作。还在战争期间,中国政府和中国人民就给予朝鲜人民以无私经济援助。从1950年6月至1953年底,中国政府向朝鲜政府无偿提供大量战争急需和人民生活必需的物资,总值为人民币 7.2952 亿元。① 中华救济总会向朝鲜人民运送了大批粮食等物资。

在即将停战之前,周恩来就在考虑朝鲜的恢复工作问题。1953 年 6 月下旬,他致电金日成并告彭德怀,就朝鲜停战后修复和新建朝鲜铁路及其管理问题,提出三条意见。(1) 停战后的第一步,即拟将军事管理总局及其所属各级领导机构中的由中国同志任正职、朝鲜同志任副职的状况,改变为朝鲜同志任正职、中国同志任副职。由此,原任正职的中国同志改为副职后任第一副总局长,再依朝中双方的需要,设立若干副总局长。(2) 视停战后的局势发展,取消管理总局,将铁道行政权完全交给朝鲜铁道省。(3) 停战后,中国即着手帮助朝鲜基本修复原有铁路线(包括铁路、桥梁、车站、山洞、通讯、给水等)。7 月中旬,他再电彭德怀:朝鲜政府现向中国政府提出希望在停战后,能从中国派 3000 名包括技术工人在内的修建工人入朝,帮助其从事战后恢复工作,时间为 3 年。建筑工程部提出拟以一支建筑工程部队为基础,再从东北抽调 300 名技工加入该团,组成一支建制部队去担任此项任务。我认为这个意见极为适当。为减少调动的麻烦,"停战后,可从现在朝

---

① 参见《当代中国的对外经济合作》,中国社会科学出版社 1989 年版,第 24 页。

修铁路的工程部队或工兵部队中抽出一个团去担任此项任务"。①

朝鲜停战协定生效，抗美援朝战争结束。1953年8月下旬，周恩来致电金日成，告以朝鲜在停战恢复后修复工厂所需的水泥、玻璃、耐火材料等物资，中国将在年内陆续供应。为具体商讨中国对朝鲜的援建项目，应中国政府邀请，金日成率朝鲜政府代表团于1953年11月中旬到北京访问。11月13日，周恩来设宴招待金日成率领的朝鲜政府代表团。他致欢迎词说：中朝两国人民在历史上尤其是近半个世纪以来，一向是唇齿相依、休戚与共。现在，中朝人民反抗帝国主义侵略的斗争业已取得了伟大的胜利。在新的形势下，中国人民将"尽力支持和援助渴望恢复国家统一、渴望和平和进步的朝鲜人民，医治战争创伤，进行经济恢复，并严防侵略战争的再起"。② 随后，以周恩来为团长的中国政府代表团同朝鲜政府代表团举行多次会谈。在进行第一次会谈时，周恩来代表中共中央和中国政府表示，中国对朝鲜的援助分为两个部分：第一，决定将1950年6月25日朝鲜战争爆发至1953年12月31日，这一时期援助朝鲜的一切物资和费用，无偿地赠送给朝鲜政府；

---

① 参见《周恩来年谱（1949—1976）》上卷，中央文献出版社1997年版，第314—315页。

② 《人民日报》1950年11月14日。

第二，决定在今后4年内再无偿地赠送给朝鲜政府8万亿人民币（此为旧币值，折合新币值8亿元。凡此下同）。并且说：根据中国的经验，在经济恢复时期，对工业企业的布局，要适应国内原料条件，保证国内供应平衡，满足国内市场需要。这样才能发展生产，积累资金。不然，投了资会冻结资金和积压物资的。经济恢复时期，要搞工业，但如将恢复重点先放在农业和副业上，会有利些，容易些，见效快些，同时也有利于工农联盟。金日成表示赞同周恩来的上述意见。10天后，两国政府代表团举行第二次会谈，周恩来就中国方面提出的《中朝经济及文化合作协定》《中朝技术合作协定》《中朝贸易议定书》等7个文件作了口头说明。他指出：中国在过去3年半中对朝鲜的援助金额为72950多亿人民币，在新的8万亿人民币的援助费用中，明年将支付3万亿人民币，并就此征求朝方的意见。金日成表示，完全同意中国方面所提出的7个文件。

1953年11月23日，周恩来出席《中朝经济及文化合作协定》（以下简称《协定》）等文件的签字仪式。他和金日成分别代表本国政府在《协定》等文件上签字，并讲话说："我们的《协定》是根据国际主义精神和平等互惠原则而签订的。它把中朝两国人民传统的战斗的友谊和两国人民之间的合作关系，用条约的形式固定下来。这是完全符合于我们两国人民的根本利益的。"它表现了中国人民把朝鲜人民当前恢复国民经济、改善自己生活和争取和平统一朝鲜的任务，看作是与我国利益休戚相关的事业而愿意尽力援助。它表现了亚洲人民之间的一种坚强团结的力量，表现了和平民主阵营国家间为坚持和平友好政策的新的合作关系。"我们的协定是和平的协定，是符合于远东及世界和平利益的。"①

根据中朝两国政府签订的协定，中国政府向朝鲜提供了粮食、棉花、纺织品、文化用品、医疗器械和药品、建筑器材、通讯设备、机械、化工原料和其他生活必需品等；还帮助修复遭战争破坏的铁路系统，并供应机车、客车、货车以及通讯设备等器材。除在战争期间为朝鲜抚养1万多名受难儿童外，停战后还将其中2500人继续留在中国学习技术；此后还接收1万名朝鲜实习生来华学习各种专业技术。此外，我国还向朝鲜派遣数千名建筑工程技术人员和工人，帮助朝鲜战后恢复城市建设，并在施工中向朝方人员传授技术，为朝鲜培养了建筑施工技术力量。不仅如此，中国人民志愿军广大指战员还积极参加朝鲜的战后恢复建设。中国多方面的援助，对朝鲜恢复经济、重建家园起了重要作用。

2. 专程访问朝鲜，安排中国人民志愿军凯旋。1953年7月停战时，中国人民志愿军在朝鲜还有120万人。这以后，志愿军陆续撤离回国，至1955年底，在朝鲜还有5个

---

① 《人民日报》1950年11月24日。

军，另有炮兵、装甲兵、工程兵和后勤等部队，以备不测之急需。随着朝鲜经济的迅速恢复和发展，老百姓重建家园后开始了新生活，志愿军已完成出国使命，继续留在朝鲜无多大必要，如果战争再起，我国组织志愿军再出发就没有1950年那样困难。而且，志愿军撤出后也给美国"将了一军"，如果美军不撤就破坏了当年签署的停战协议规定，失信于全世界，暴露其本来面目。

基于上述考虑，中共中央准备从朝鲜撤出中国人民志愿军。1957年11月初到中旬，毛泽东率中国代表团访问苏联期间，同前来访苏的由金日成所率的朝鲜代表团会见，谈到了从朝鲜撤出志愿军问题。金日成表示完全同意中共中央和中国政府的意见。1957年12月中旬，金日成会见中国驻朝大使，并转交了他本人给毛泽东的信。金日成说：在莫斯科时，毛主席在两次谈话中都谈到志愿军从朝鲜撤退的问题。现经劳动党中央政治局两次讨论，认为毛主席所讲的精神很好，遂同意志愿军撤退到鸭绿江北，这样在政治上可以取得主动权，有可能逼美军撤退，对南、北朝鲜人民都将有良好的影响，倘若有事，志愿军亦可随时出动。金日成还讲了朝鲜方面考虑的志愿军从朝鲜撤出的方案。中共中央在1957年12月30日召开政治局常委和书记处会议专门研究此事。根据会议讨论意见，周恩来修改了外交部起草的《关于从朝鲜撤出中国人民志愿军的方案》于次日呈送毛泽东，并附信说："这个方案是经中央政治局常委和书记处商讨后拟出的,在得到主席核准后,拟再在政治局一谈,然后向苏方提出。"该方案提出:中国政府发表声明,支持朝鲜民主主义人民共和国政府关于"联合国军"和中国人民志愿军撤出朝鲜的主张,并且正式表示准备就中国人民志愿军分批定期撤出朝鲜问题同朝鲜民主主义人民共和国政府进行协商,要求联合国方面有关各国政府也采取同样步骤。我们撤回志愿军的办法是,全部志愿军在1958年底以前撤完,分为三批:第一批在1958年3月至4月撤回三分之一,其余三分之二全放在第二线,由朝鲜人民军接防第一线。第二批在1958年7至9月前,撤回第二个三分之一。1958年底撤完最后的三分之一。①

中央政治局批准了周恩来报送的《关于从朝鲜撤出中国人民志愿军的方案》。1958年1月8日,周恩来接见苏联驻华大使,通报中朝两国有关撤回志愿军问题的情况,说毛泽东已与金日成商量过,我们赞成金日成来电所提出的由朝鲜先发表要求双方撤兵的声明,中国政府表示响应与支持,现征求苏共中央和苏联政府对中国拟订的关于从朝鲜撤出志愿军的方案的意见。苏联政府回告,完全同意中国政府提出的方案。按照中、朝、苏三国政府的协商意见,2月5日,朝鲜政府就撤退一切外国军队与和平统一朝鲜

---

① 参见《周恩来年谱(1949—1976)》中卷,中央文献出版社1997年版,第113页。

问题发表声明。2月7日，中国政府发表声明，完全支持朝鲜政府的和平倡议，准备就此事同朝鲜进行磋商，并要求美国和其他各国采取措施从南朝鲜撤出军队。

1958年2月14日，应朝鲜政府邀请，周恩来率中国政府代表团访问朝鲜，同以金日成为首的朝鲜政府代表团举行会谈，就中国人民志愿军撤出朝鲜问题达成完全一致的意见。周恩来讲话指出：朝鲜是社会主义在远东的最前哨，保卫三八线不仅仅是保卫朝鲜和中国的问题。为此，朝鲜人民付出了最大的代价，中国人民能有7年多和平建设的时间，首先应感谢朝鲜人民。他在平壤市群众欢迎大会上讲话，继续指出：中国政府一向认为，从朝鲜撤退一切外国军队是朝鲜人民通过协商实现祖国和平统一的关键。中国政府已经表示，将就中国人民志愿军撤出朝鲜的问题同朝鲜政府进行磋商。同时，我们坚决要求美国和参加"联合国军"的其他有关国家同时响应朝鲜民主主义人民共和国的建议，把自己的军队从南朝鲜撤出，为朝鲜问题的和平解决和远东局势的缓和创造有利条件。周恩来还同代表团主要成员一起访问了中国人民志愿军总部，向志愿军总部驻地附近的志愿军烈士陵园敬献花圈。他接见了志愿军将领和军官，听取他们对志愿军撤出朝鲜的看法和意见。他出席志愿军为代表团举行的欢迎大会，在志愿军团以上的干部会上讲话，首先代表党中央和中国政府向志愿军全体指战员表示亲切慰问。他分析国际形势和亚洲形势，深刻阐明撤军道理，并介绍国内建设情况，勉励全军干部戒骄戒躁，努力学习，掌握现代化的技术和现代化的武器，把自己培养成亦文亦武、又红又专的军事专家。他号召广大指战员虚心学习勤劳的朝鲜人民和英勇的朝鲜人民军的优点，在撤军过程中将各种事情交代清楚，除随身携带的武器外，凡是可以留的都应该留下，使中朝两国人民用鲜血凝成的友谊之花，在最后一年开得更好，结出丰硕之果。他祝愿说，志愿军不仅在朝鲜是最可爱的人，回国后，也要做最可爱的人。

1958年2月19日，中朝两国政府发表联合声明。声明指出："中国政府本着一贯积极促进朝鲜问题和平解决的立场，除了在1958年2月7日的声明中完全支持朝鲜政府的各项建议以外，现在经过同朝鲜政府协商后，又向中国人民志愿军提出了主动撤出朝鲜的建议。中国人民志愿军完全同意中国政府的这一建议，并且决定在1958年底以前分批全部撤出朝鲜，第一批将在1958年4月30日以前撤完。朝鲜民主主义人民共和国政府对于中国人民志愿军这一决定表示同意，并且愿意对中国人民志愿军的全部撤出朝鲜给予协助。"[①] 中国人民志愿军全部撤出朝鲜的决定，不仅获得中朝两国人民的热烈拥护，而且受到苏联等社会主义国家和世界进步舆论的欢迎。2月20日，苏联政府发表声

---

① 《人民日报》1958年2月20日。

明，完全支持中朝两国关于中国人民志愿军全部撤出朝鲜的声明，希望有军队驻扎在南朝鲜的美国和其他国家政府也把他们的军队撤出南朝鲜，促进朝鲜地区和平的巩固。但是，中朝两国政府的联合声明，没有得到美国政府的积极响应，他们重申美国不考虑全部撤退它在南朝鲜的美国军队。这就再一次暴露了它的霸权主义扩张行径。

周恩来访问朝鲜后，中国人民志愿军就开始陆续从朝鲜撤出回国。根据中央军委指示，1958 年从 3 月 15 日至 10 月 26 日，志愿军分三批全部撤出朝鲜。志愿军移交给朝鲜人民军的各种物资，其价值折合人民币 1.57 亿元。其间，金日成签署了朝鲜政府《关于永远纪念中国人民志愿军的伟大业绩和欢送他们从共和国北半部撤出的决定》。10 月 25 日，在中国人民志愿军抗美援朝 8 周年纪念这一天，志愿军总部官兵乘坐最后一列撤军列车离开平壤回国。10 月 28 日，中国人民志愿军代表团到达北京，周恩来代表党中央和国务院到北京车站欢迎。他在首都各界为志愿军回国举行的欢迎宴会上讲话说：中国人民志愿军去朝鲜已经整整 8 年了，你们胜利地完成了中国人民、中国共产党和毛主席交给你们的任务。我代表全国人民、我们的党、政府和毛主席感谢你们。"我们在今天的宴会上所以如此高兴，如此欢欣鼓舞，这决不是偶然的。这是因为抗美援朝的精神鼓舞了我们。今天一千多人的宴会，代表着全国六亿五千万人民的感情。我们要永远学习志愿军的榜样。"①

中国人民志愿军从出国抗美援朝到凯旋历时 8 年。周恩来参与决策志愿军出国抗美援朝到安排志愿军凯旋也经历了 8 个年头。志愿军的业绩与周恩来紧紧连在一起。说周恩来为志愿军披肝沥胆、呕心沥血，是总理抗美援朝战争的实际"副帅"，这是历史实际的反映。

---

① 《人民日报》1958 年 10 月 30 日。

图书在版编目（CIP）数据

周恩来与抗美援朝 / 石仲泉著. — 南宁：广西人民出版社，2023.7

（毛泽东、周恩来与抗美援朝）

ISBN 978-7-219-11597-8

Ⅰ.①周… Ⅱ.①石… Ⅲ.①周恩来（1898-1976）—生平事迹 ②抗美援朝战争—史料 Ⅳ.① K827-7 ② E297.5

中国国家版本馆 CIP 数据核字（2023）第 135822 号

出 版 人	韦鸿学	策　　划	温六零　白竹林
特约编辑	郑宁波	执行策划	吴小龙
责任编辑	夯亚伟	责任校对	周月华
整体设计	刘瑞锋（广大迅风艺术）		

出版发行	广西人民出版社
社　　址	广西南宁市桂春路 6 号
邮　　编	530021
印　　刷	广西民族印刷包装集团有限公司
开　　本	787mm×1092mm　1/16
印　　张	11.25
字　　数	108 千字
版　　次	2023 年 7 月　第 1 版
印　　次	2023 年 7 月　第 1 次印刷
书　　号	ISBN 978-7-219-11597-8
定　　价	35.00 元

版权所有　翻印必究